어린이를 위한
웰씽킹

꿈을 현실로 만드는 원리

어린이를 위한
웰씽킹

김연희 글 이길수 그림

터닝페이지

국어 점수 45점 ··· 9
▶ 긍정 생각 부자이면 행복할까요? 돈이 없어도 행복할까요?

날 무시해! ··· 21
▶ 긍정 생각 생각을 왜 바꿔야 할까요?

서준이의 고백 ··· 36
▶ 긍정 생각 자기 행동과 결정에 책임지기

열 권의 독후감 ··· 46
▶ 긍정 생각 목표를 제대로 정해봐요

톡으로 수다 떨고 싶고, 게임도 하고 싶어 ··· 59
▶ 긍정 생각 나쁜 습관 버리기

5년 안에 해낼 거야 ··· 72
▶ 긍정 생각 웰씽킹

먼저 말 걸기 ··· 83
▶ 긍정 생각 열 명의 사람을 스승으로 삼다

오해였다 ··· 97
▶ 긍정 생각 진정한 성공을 거둔 사람들은 어떤 모습일까?

책 열 권의 의미 ... 107
▶ 긍정 생각 첫 번째 뿌리, 핵심 가치와 결단력

미안해 ... 120
▶ 긍정 생각 끈기 프로젝트

말에는 힘이 있어 ... 131
▶ 긍정 생각 두 번째 뿌리, 확언

그냥 스타 배우가 아니라 '어떤' 스타 배우 ... 144
▶ 긍정 생각 진정한 부자란 누구일까요?

너를 상상해봐 ··· 158
▶ 긍정 생각 믿음과 신념

첫 번째 감상문 ··· 170
▶ 긍정 생각 넘어지지 않고 걸을 수는 없다

카메라 앞에서 ··· 182
▶ 긍정 생각 위기를 기회로 역전시키는 풍요의 생각

국어 점수 45점

"김이나"

공부방 선생님이 이나를 부르더니, 채점된 시험지를 건넸다. 이나는 손을 내밀며 눈을 감았다. 손에서 종이가 느껴지자 슬며시 눈을 떴다. 첫 번째 시험지는 수학 시험지였다. 70이라는 선명한 붉은 숫자가 눈에 들어왔다. 다른 종이를 걷어서 봤다. 다른 과목도 거의 비슷했다. 하지만 국어 시험지를 보는 순간, 이나는 이맛살을 찌푸렸다. 45점이라니!

이나는 공부를 썩 잘하는 아이도 아니었고, 공부방에서 성적을 올리려고 열심히 하지도 않았다. 하지만 45점은 처음 받아보는 점수였다.

옆 친구의 시선이 느껴졌다. 고개를 돌리지 않아도 옆 시험지 위에 민하랑이라는 글자가 보였다. 그 옆으로 국어라는 글자에 70이라는 숫자가 보였다. 이나는 고개를 들어 하랑이를 봤다. 하랑이도 놀란 눈으로 이나를 쳐다봤다. 하랑이는 소리 없이 입 모양으로 '떡볶이'라고 말하고 있었다. 공부방 끝나고 떡볶이를 먹자는 말이었다. 이나는 고개를 끄덕였다. 45점이라는 숫자에 잠시 기분이 나빴지만, 떡볶이 먹을 생각을 하니 신경 쓰이지 않았다. 어차피 엄마는 성적 때문에 혼을 내시지는 않았다. 아빠는 늘 씩씩하고 건강하게 자라면 된다고 말씀하시니까 더더욱 괜찮았다.

"윤혜미!"

선생님은 한 명씩 이름을 부르다가 드디어 혜미의 이름을 불렀다. 혜미가 일어나 선생님에게 다가가 시험지를 건네받았다.

"혜미가 요즘에 공부를 열심히 하는구나. 성적이 많이 올랐어."

이나는 선생님 말씀에 혜미의 성적이 궁금해졌다. 6개월 전만 해도 혜미와 이나의 성적은 비슷했기에 더더욱 몇 점인지 궁금했다.

"혜미는 대부분 80점 이상이야. 특히 국어는 90점을 받았어. 우리 혜미에게 박수 한번 쳐줄까?"

선생님은 혜미의 성적이 뿌듯한지 미소를 잔뜩 지었다. 이나는 살짝 기분이 나빴다. 분명 공부방에서 성적이 올라간 아이가 혜미만은 아닐 텐데 선생님이 유난히 기뻐했다. 이나가 이해 못 할 바도 아니다.

혜미는 6개월 전에 아역 배우로 데뷔해 영화를 찍었다. 영화가 엄청나게 흥행하진 않아서 혜미를 알아보는 사람은 그리 많지 않았다. 그런데도 동네에서 알음알음 소문이 나기 시작했다. 길에서 지나가던 어른들조차 혜미를 보면서 알은체했다. 선생님도 마찬가지였다. 심지어 혜미는 배우로 데뷔했으면서도 공부방에 계속 나왔다. 혜미 때문인지 공부방에는 아이들이 더 늘었다.

"오늘은 여기까지 공부할 거예요. 그리고 숙제는…."

선생님이 말을 끝내기도 전에 아이들은 동시다발적으로 징징대기 시작했다. 이나도 함께 소리를 냈다.

"시험을 봤는데, 숙제를 낸다고요? 오늘은 게임도 하고 유튜브도 보게 해주세요."

"맞아요. 제발요."

하랑이의 말에 아이들은 모두 동의한다는 듯 함께 다시 한번 징징 댔다.

"그래, 선생님이 인심 썼다. 하지만 주말이라서 아예 숙제를 안 낼 수는 없어. 오늘 밤에는 쉬고 내일과 모레에는 시험지 보면서 틀린 부분 고쳐서 와. 그게 숙제야. 더는 선생님도 양보 못 해."

아이들은 일그러진 표정을 지었다. 숙제하지 않을 수가 더더욱 없으니까. 다른 건 몰라도 숙제를 안 해 오면 선생님은 꼭 엄마에게 전화를 했다. 성적을 잘 받은 아이들이야 괜찮겠지만, 그렇지 못한 아이들은 빼도 박도 못하고 숙제를 해야 했다. 엄마에게 성적을 숨기려면 숙제를 해야 하는 상황인 셈이다.

"그러면 월요일에 보자."

"네."

아이들은 불만 섞인 목소리로 대답하고는 책가방을 쌌다. 그러고는 하나둘씩 공부방 밖으로 나왔다. 다음 수업 시간을 기다리던 아이들이 공부방으로 들어왔다.

이나는 공부방 밖에서 하랑이를 기다렸다. 그러다가 이나는 얼굴을 굳혔다. 혜미와 함께 이야기하며 밝게 웃는 하랑이를 발견했기 때문이다. 괜히 또 심술이 났다. 모든 아이들과 사람들의 관심을 받는 혜미가 그냥 꼴도 보기 싫었다.

"혜미에게도 떡볶이 같이 먹으러 가자고 했어."

"어? 어…."

이나는 그냥 싫었다. 괜히 질투하는 것으로 비칠까 봐 더더욱 표정을 관리했다.

"이나는 내가 가는 게 싫은가 봐? 똥 씹은 얼굴이야."

혜미의 말에 이나는 뜨끔했다. '싫어. 그렇게 싫다고!'라고 솔직히 말하고 싶었지만, 성격 좋다고 소문난 이나는 그런 말을 할 수가 없었다. 아이들이 자신을 이상한 아이라고 평가할까 봐 신경이 쓰였다.

"그게 아니라, 그냥 기분이 안 좋아서 그래."

"무슨 일 있어? 설마 국어 45점 받은 거 가지고 그런 것은 아닐 테고."

하랑이가 이나의 성적을 무심결에 말해버렸다.

이나는 짜증이 확 치밀었다. 다른 사람은 몰라도 혜미 앞이라 더욱 싫었다. 자신이 덜떨어진 아이가 된 기분이 들었다. 이나는 누군가와 경쟁하는 아이가 아니었다. 그래도 혜미에게는 지기 싫었다. 현실은 45점과 90점이지만.

"왜 안 좋겠어? 빨리 떡볶이 먹으러 안 가니까 그렇지."

이나는 애써 태연한 척 말을 돌렸다.

"그런 거였어?"

"그러면 얼른 가자."

하랑이의 말에 혜미도 이어서 가방을 고쳐 메며 말했다.

이나는 고개를 끄덕이고는 항상 가는 떡볶이집으로 발길을 옮겼다. 하랑이와 혜미도 옆에서 함께 걸었다. 떡볶이집으로 가는 내내 하랑이는 혜미에게 어떻게 성적을 올렸는지 물었다. 혜미는 그냥 열심히 한 것뿐이라고 대답했지만, 하랑이는 믿지 않는 눈치였다.

"혜미야, 지난번 영화 찍을 때 말이야…."

이나는 피식 웃음이 났다. 하랑이가 진짜 묻고 싶은 질문이었기 때문이다. 하랑이는 혜미가 자신이 좋아하는 아이돌 오빠와 영화를 찍었다는 소식을 들은 이후 틈만 나면 아이돌 오빠에 관해 듣고 싶어 했다. 사소한 것 하나라도 놓칠까 봐 꼬치꼬치 캐물었다.

하랑이의 질문에 혜미는 친절하게 대답했다. 원래 혜미는 상냥한 편이었고, 그런 성격을 이나도 잘 알았다. 하지만 언제부터인가 혜미의 상냥함이 가식처럼 느껴졌다.

어느덧 셋은 떡볶이집 앞에 다다랐다.

"윤혜미!"

떡볶이집 안에서 누군가 혜미를 불렀다. 강서준이었다. 이나는 얼굴을 확 구겼다. 서준이는 학교에서 인기가 가장 좋은 남자아이였다. 피부도 하얗고 얼굴도 잘생겼다. 심지어 키도 컸다. 서글서글한 눈매에 큰 눈은 정말 매력적이었다. 이나도 서준이를 좋아했다. 하지만 워낙 인기가 많아서 고백하기가 쉽지 않았다. 솔직히 말해 용기가 나지 않았다. 서준이가 고백을 거절한다는 소문을 들었기 때문이다.

그런 서준이가 같은 반도 아닌 혜미의 이름을 불렀다. 하랑이도 있었고, 이나와는 같은 반이었다. 심지어 5학년까지 올라오면서 세 번이나 같은 반을 했었다. 이나의 기억으로는 서준이와 혜미가 같은 반을 한 적은 단 한 번도 없었다. 이나는 혜미를 째려봤다.

"떡볶이 먹으러 왔어?"

서준이가 묻자 혜미가 고개를 끄덕였다.

"그러면 같은 테이블에 앉아서 먹자. 이쪽으로 와."

서준이가 앉은 테이블에는 다른 남자아이도 앉아 있었다. 서준이의 친구인 모양이었다.

"그래."

혜미 대신 하랑이가 대답하더니, 서준이가 앉아 있는 테이블로 가서 앉았다. 혜미와 이나는 어쩔 수 없이 같은 테이블에 앉았다. 이나도 서준이와 떡볶이를 같이 먹는 게 나쁘지는 않았다. 혜미가 없었다면, 더 즐거웠을지도 모른다. 솔직히 좋은 점도 있었다. 떡볶이집 아주머니가 혜미가 나온 영화를 봤다면 서비스로 어묵도 줬으니까. 매콤달콤하면서도 쫀득쫀득한 떡볶이를 먹기 시작하자 혜미에 대한 미움은 잠시 사라지는 듯했다. 또 돈가스 튀기는 냄새가 솔솔 풍기자 이나는 자신도 모르게 시선을 돌리며 속마음을 내뱉었다.

"맛있겠다."

"먹으면 되지. 아주머니 여기도 돈가스 두 개 주세요."

혜미가 물어보지도 않고 주문하자, 서준이가 얼른 말했다.

"주문하지 마. 내가 가진 돈은 부족해."

"내가 모두 쏠 테니, 걱정하지 마. 엄마가 친구들에게 밥을 살 일이 있으면 사라면서 영화를 찍고 받은 출연료 중 일부를 체크카드에 넣어주셨거든."

"와! 대박 부러워."

혜미의 말에 하랑이가 감탄하며 반응했다. 하지만 거의 동시에 친구들의 표정이 바뀌었고 눈도 반짝였다.

"나 같으면 용돈이 부족할 텐데."

"아니야. 내가 사고 싶은 것도 샀어. 무선 이어폰 같은 것도 샀지."

아이들 모두 눈이 동그래졌다. 이나도 혜미를 쳐다봤다. 혜미는 폴더블폰을 가지고 다녔다. 그런데 혜미가 무선 이어폰까지 가지고 있다는 말에 이나도 정말 부러웠다.

"보여줄 수 있어?"

하랑이의 물음에 혜미는 가방에서 무선 이어폰 케이스를 꺼내서 아이들 앞에서 흔들어 보였다.

이나는 부럽다 못해 샘이 났다. 6개월 전만 해도 혜미와 이나는 별반 다를 게 없는 처지였다. 같은 빌라에 살아서 엄마끼리도 친했다. 그런데 영화 하나를 찍더니 근처에 새로 들어선 대단지 아파트로 이사를 갔다. 소문에는 혜미가 받은 출연료로 이사를 했다고 한다.

"혜미는 행복하겠다. 돈도 많고."

갑자기 하랑이가 한숨을 쉬며 말했다.

이나는 하랑이의 말이 귀에 거슬렸다. 하랑이의 한숨이 꾹꾹 누르던 화를 터트리고 말았다. 결국 마음속에 애써 누르고 있던 본심이 자신도 모르게 터져 나왔다.

"돈으로 살 수 없는 행복의 종류도 많아. 그리고 나는 혜미가 하나도 안 부러워. 솔직히 혜미가 오디션을 본 것도 아니고, 어쩌다 이모 친구가 감독한 독립영화에 출연했다가 운이 좋아서 지난번 찍은 영화에 캐스팅된 거잖아. 그리고 혜미가 계속 아역 배우 한다는 보장도 없잖아. 안 그래?"

부자이면 행복할까요? 돈이 없어도 행복할까요?

❤️도움말 누구나 부자가 되고 싶어 해요. 하지만 왜 많은 돈이 있어야 할까요? 여러분은 부자가 되면 어떤 점이 좋은지 진지하게 생각해본 적 있나요? 반대로 부자지만 눈살을 찌푸리게 만드는 사람은 없었나요? 아래 질문에 답을 한번 적어보세요.

★ 돈이 없다면 할 수 없는 게 많을 거예요. 최근에 돈이 부족해서 하고픈 걸 못 한 적이 있나요? 친구와 놀이공원에 함께 가지 못했다거나 유행하는 캐릭터 스티커를 사지 못했던 일은 없었나요? 기억을 떠올려보고 적어보세요.

▶

★ 돈이 없어도 행복한 순간이 있어요. 친구들과 게임을 할 때는 더더욱 그럴 거예요. 돈과 상관없이 행복했던 기억을 써보세요.

▶

날 무시해!

'좀만 참을걸.'

이나는 후회했다. 이나도 자신이 혜미를 질투하고 있다는 걸 알고 있다. 하지만 그걸 감추는 것과 내비치는 건 다른 이야기다. 이나는 친구들이 자신을 비딱한 아이로 볼까 봐 걱정했다.

"너 조금 심했어."

집으로 돌아가는 길에 같이 걷던 하랑이가 말했다.

"알아. 그런데 샘이 나는 걸 어쩌라고?"

이나는 괜히 성질을 더 냈다. 버럭 화를 내며 비꼬는 바람에 떡볶이도 제대로 먹지 못했다. 맛있는 돈가스도 먹는 둥 마는 둥 하고는 헤어졌다. 서준이가 매우 반갑게 손짓하며 혜미를 부르지만 않았더라면…, 혜미가 무선 이어폰을 꺼내 들지만 않았더라면…. 솔직히 이나는 못 본 체할 수도 있었다. 하지만 삐죽 튀어나온 마음을 잘 숨길 수 있었을 것이라고 확신했다.

"네가 뭘 잘못했는지 모르는구나."

갈림길에 다다르자 하랑이가 걸음을 멈추고는 이나를 똑바로 바라보며 말했다. 늘 장난을 치던 하랑이의 모습은 보이지 않았다. 늘 입꼬리가 내려가거나 올라가거나 하던 친구였는데, 지금은 일자였다. 웃음기가 사라진 하랑이의 모습에 이나는 심장이 철렁 내려앉았다.

'샘이 나면 혜미에게 한 것처럼 자신에게 그렇게 할 거냐고 물어보면 어떻게 하지?'

대답은 아니라고 하겠지만, 그 말을 하랑이가 믿어줄 리 없었다. 이나도 자신이 샘을 내지 않을 거라고 자신할 수 없었다.

"혜미를 무안하게 만든 건 잘못이야. 나도 알아. 그런데 질투가 나는 걸 어떡해."

"친구가 잘되는 걸 배 아파하는 건 잘못이지. 하지만 그 정도는 사과한다면 받아줄 수 있는 일이야. 솔직히 나도 혜미가 부럽고 질투도 나니까. 네 마음을 이해할 수 있어. 하지만 네가 잘못한 건 그게 아니야. 어쩌면 혜미가 사과를 받아주지 않을 수도 있어."

이나는 고개를 갸웃했다. 사과를 받아주지 못할 만큼 잘못한 게 대체 무엇일까?

"그게 뭔데?"

"혜미가 계속 아역 배우를 한다는 보장도 없다고 말했잖아."

"그건 사실이잖아."

"네가 그걸 어떻게 알아? 설령 그게 사실이더라도 그건 친구로서 할 말이 아니야. 꼭 혜미가 안되길 바라는 것처럼 느껴져."

"나 그렇게 속 좁은 애 아니야. 그냥 화가 나서 한 말이었어."

"말이 씨가 된다는 속담이 있어. 나쁜 말을 자꾸 들으면 정말 내가 나쁜 아이가 된 것 같은 기분이 들 거야. 칭찬을 들으면 점점 더 잘하고 싶은 생각이 들고 행동도 그렇게 하게 되고. 그래서 우리 엄마도 말을 이쁘게 해야 한다고 했어. 그래야 내게도 좋은 말이 돌아와서 내가 행복해질 수 있다고 말야."

이나는 대꾸할 수 없었다. 정말 무심코 내뱉은 말이었다. 그러나 어쩌면 무심코 나온 말이라는 게 더 문제였다. 악마가 마음속에 살고 있지 않은 한, 그런 말을 내뱉기는 어려울지도 모르니까. 왠지 그냥 잘못도 아니고 엄청난 잘못을 한 것 같았다.

"이나야, 혜미가 받아줄지는 모르겠지만 나는 네가 사과했으면 좋겠어."

하랑이는 이나에게 조언하듯 말을 남기고는 갈림길에서 인사를 건넸다.

이나는 대답하지 않았다. 그러고는 뒤돌아서서 멀어져가는 하랑의 뒷모습을 잠시 바라보다가 집으로 향했다. 마음이 무거웠다. 마음 한편에서는 '아무런 의도 없이 한 말도 사과해야 하는 거야?'라는 생각이 스멀스멀 올라왔다. 만약 사과한다면 혜미에게 괜히 지는 기분이 들 것 같았다. 사과를 하는 순간, 혜미의 눈치를 볼 자신의 미래가 그려졌다. 공부방과 학교의 친구들 중 혜미를 우러러보는 한 명이 되는 기분마저 들었다. 이나는 그런 친구들을 혜미의 시녀라고 생각했다. 이나는 혜미의 시녀가 되기 싫었다.

어느덧 이나는 집 앞에 다다라 현관문의 비밀번호를 누르고 집으로 들어갔다.

"다녀왔습니다."

"그래. 오늘도 친구들과 잘 놀았어?"

부엌에 있던 엄마가 이나 앞에 나타나며 말했다.

"그럭저럭요."

"간식 줄까?"

"떡볶이 먹었어요."

엄마의 물음에 이나는 힘없이 대답하고는 방으로 향했다. 그러다가 걸음을 멈춰 어깨에 멘 가방을 내려놓고는 시험지를 꺼내 엄마에게 건넸다. 엄마가 이나의 시험지를 들여다봤다.

"주말에 해야 할 숙제가 많겠네."

엄마는 이나의 성적에 대해 잔소리를 한 적은 없지만, 모든 걸 다 알고 있었다. 시험 본 날은 틀린 문제를 제대로 풀고 풀이 방법을 정리하는 게 숙제라는 걸 모두 꿰뚫고 있었다.

"맞아요."

이나는 짧게 대답하고는 방으로 들어가 침대에 벌렁 누웠다.

뒤이어 엄마가 방문을 노크했다. 이나가 대답하자 엄마가 문을 열고 들어왔다. 엄마는 손에 쥔 시험지를 이나의 책상 위에 올려놓고는 침대 위로 올라와 이나를 감싸 안으며 말했다.

"무슨 일 있었어? 설마 시험 못 봤다고 어깨가 축 처진 건 아닐테고."

"시험을 못 보면 저도 우울해요."

"그래? 그러면 지금부터라도 잘 보면 되는 거지. 노력도 안 하는데 잘 볼 턱이 없잖아."

이나도 엄마를 향해 몸을 돌려 누웠다. 엄마의 냄새가 났다. 엄마는 자신의 품속을 파고드는 이나를 꼭 안아주며 등을 토닥여줬다. 이나는 마음이 풀리는 듯했다. '역시 엄마가 최고다!' 엄마 품에 있으면 모든 문제가 다 해결될 듯했다. 이나는 엄마 품에 코를 박았던 얼굴을 들고는 말했다.

"노력 안 하고 공부 잘하는 방법은 없을까요?"

"에이, 그건 욕심이지. 아무리 노력해도 방법이 잘못돼서 나쁜 결과를 얻는 사람이 얼마나 많은데. 그런데 노력도 없이 좋은 성적을 받는다면 세상이 얼마나 불공평하겠니?"

"그런가?"

"그렇지. 하지만 엄마는 우리 딸이 공부를 잘하고 싶다고 생각하는 것만으로도 기쁜걸. 뭔가 변화가 시작됐다는 조짐이니까."

"그런 건 아니에요."

"이나는 미래에 어떤 어른이 되고 싶다거나, 어떤 일을 하고 싶다거나 하는 말을 한 적이 없었잖아. 공부하는 데도 영 관심이 없었고. 심지어 뭘 배워보고 싶다는 마음도 없었고. 그런 네가 노력 없이 공부라도 잘하고 싶다고 말하는 건, 무언가 네 마음에서 얻고 싶거나 가지고 싶은 게 생겼다는 말 같은데. 아니야?"

"엄마의 희망 사항이에요."

이나는 피식 웃으며 대답했다.

"그러니? 아깝네. 그런데 이제는 우리 딸도 미래에 대해 한번 생각해보는 건 어때? 벌써 5학년이야."

자신의 머리를 쓰다듬으며 이야기하는 엄마에게 이나는 싫다고 말할 수가 없었다. 엄마는 잔소리하지 않는 대신 무언가를 권유할 때마다 머리를 쓰다듬으며 말했다. 정말 강력한 무기였다. 이나는 아기가 된 것처럼 생각이 없어졌다. 엄마 말을 들어야 할 것만 같았다.

"알았어요. 생각해보고 말할게요."

"그래. 엄마 부탁 들어줘서 고마워."

이나는 피식 다시 웃음이 새어 나왔다. 엄마는 부탁이라고 말하지만 그건 부탁이 아니었다. 부드럽게 말하는 엄마의 목소리에는 알 수 없는 힘이 있었다. 엄마의 말을 듣지 않으면 안 될 것 같은 느낌이었다. 이나는 다시 엄마 품속으로 파고들었다. 그런데 엄마가 이나를 떼어냈다.

"엄마 운동 좀 다녀와야겠어."

"운동요?"

엄마는 몸이 약한 편이었다. 다른 친구들의 엄마는 대부분 일을 다니셨지만 이나의 엄마는 자주 아파서 늘 집에 계셨다. 하지만 이나는 그런 엄마가 좋았다. 집에 들어오면 늘 엄마가 있었으니까. 엄마가 아픈 건 속상한 일이지만, 이상하게 계속 일하지 못할 만큼만 아프셨으면 하는 못된 마음도 들었다.

"계속 집에만 있다가는 정말 크게 아플지도 모르니까. 그리고 엄마에게도 꿈이 생겼거든."

"꿈요?"

이나는 갑자기 엄마가 낯설었다. 꿈을 꾸는 엄마를 본 적이 없었기 때문이다.

"나중에 자세히 말해줄게. 우선은 운동 좀 하고 올게. 건강해야 꿈도 이룰 수 있는 거니까. 아 참, 그러지 말고 이나도 같이 갈래? 우리 집 뒤에 있는 둘레길 걸을 건데."

이나는 심심한 건 딱 질색이었다. 아무리 엄마가 좋아도 걷기만 하는 건 재미가 없었다. 상상만으로도 지루했다.

"엄마만 다녀오세요. 저는 집에 있을게요."

"그럴 줄 알았어. 지루할까 봐 그런 거지?"

엄마는 이나를 너무 잘 알고 있었다. 예전에 엄마는 "엄마 전공은 우리 딸, 김이나야."라고 말한 적이 있었다. 그때 이나는 그게 무슨 말인지 몰라 엄마에게 되물었다. 엄마는 "이나에 대해서 열심히 공부하고 있어서 잘 안다는 의미란다."라고 대답해주셨다. 엄마는 정말로 이나를 잘 알았다. 이따금 자신도 모르는 모습을 말해주는 엄마를 보며 이나는 깜짝 놀라곤 했다.

"그럼 엄마 다녀올게."

엄마가 침대에서 일어나자 이나는 그 순간을 놓치지 않고 말했다.

"오늘 시험도 끝났으니까, 게임 좀 하면 안 돼요?"

엄마가 물끄러미 이나를 바라보더니 피식하고 웃었다. 이나는 얼른 휴대전화를 엄마에게 건넸다. 엄마는 이나의 휴대전화 제한 시간을 풀어줬다. 이나는 환하게 이를 드러내고 웃으며 말했다.

"다녀오세요."

엄마도 피식 웃으며 이나의 방을 나갔다. 방문이 닫히자 이나는 침대 위에 자리를 잡고 누웠다. 우선 제페토에 접속했다. 제페토에서는 게임을 하며 코인을 얻어 동물을 키우고 사진도 찍었다. 제페토 사진첩에 사진도 올렸다. 슬라임 게임으로 들어가 레벨을 높이기도 했다.

어느덧 제페토 친구들이 하나둘 들어왔다. 이나는 친구들과 대화를 나누며 게임에 몰두했다. 이윽고 한 친구가 라이브 방송을 연다는 톡을 보냈다. 이나도 좋아하는 제페토 크리에이터 루미였다. 루미는 제페토 청소년 드라마를 만드는 크리에이터다. 보통은 고등학생 언니 오빠들의 로맨스를 주로 만들었다. 이나는 초등학생이지만 그 드라마를 무척 재미있게 봤다. 마치 자신이 고등학생이 된 것처럼 두근두근거리기도 했다. 루미 크리에이터가 만든 드라마에는 늘 할 말 다 하는 주인공이 나오는 까닭에 보고 있으면 막혔던 속이 시원해지는 느낌도 받았다. 이나뿐만 아니라 친구들도 모두 열광할 정도였다.

이나는 문득 혜미가 생각났다. 혜미도 루미를 좋아했다. 실제 연기와는 조금 달라서 비교하는 재미가 있다고 말했던 게 기억났다. 이나는 앞으로 혜미가 아역 배우를 못 할 수도 있다고 말한 자신을 지적한 하랑이의 말이 떠올랐다. 절대 혜미를 저주하려는 의도가 아니었다. 하지만 하랑이의 의견을 무시할 수는 없었다. 이나가 생각하기에도 오해하기에 충분했다. 이나는 제페토에서 빠져나와 사과의 의미로 혜미에게 톡을 보냈다.

> 루미 크리에이터가 라이브 방송 시작했어. 얼른 들어와.

1이라는 숫자가 사라지지 않았다. 숫자 10을 세도 1은 그대로였다.
'바쁜가? 연기 학원 갔나?'
연기 학원은 보통 주말에 간다고 들었던 터였다. 어쩌면 자신의 말에 화가 나서 메시지를 보고서도 대화창을 열지 않는 것일 수도 있었다.

> 아까는 기분이 나빴다면 미안.

얼른 사과를 했다. 하랑이는 혜미가 사과를 받아주지 않을 수 있다고 했지만, 이나는 생각이 달랐다. 진짜 저주가 아니었으니 사과를 받아줄 거라고 생각했다. 제아무리 친구가 미워도 저주를 하지는 않을 테니까. 계속 휴대전화를 노려봤다. 그런데 1이 그대로였다. 이나는 그 정도면 자신이 해야 할 행동은 다 했다고 여겼다. 사과도 했고 좋아하는 크리에이터 라이브 방송을 놓치지 않도록 알려줬으니까.

대화창을 내리고 얼른 루미 크리에이터의 라이브 방송에 접속했다.

　루미는 백발의 긴 머리카락을 하고 있었다. 검은색 큰 뿔테 안경과 베레모 모자를 썼다. 드라마 크리에이터와 딱 어울리는 아바타라는 생각이 들었다. 이나는 화면 아래로 흐르는 글을 읽으며 루미의 말에 귀를 기울였다. 모든 대화가 재미있었다. 루미가 너무 멋있다는 생각이 들었다.

> 어떻게 드라마를 만들 생각을 했어요?

　누군가가 질문을 올렸다. 루미는 호호 웃으며 말했다.
　"원래 아역 배우를 하려고 했는데, 배우가 되기에는 얼굴이 좀 부족하지 뭐예요."
　루미의 말에 '아니에요, 예뻐요, 그럴 리가 없어요'라는 댓글이 빠르게 올라갔다.
　"괜찮아요. 배우를 못 하면, 그럼 내가 드라마를 만들지, 뭐, 이런 생각이 들었거든요. 제가 지금 인기 크리에이터가 될 수 있었던 것도 얼굴이 부족해서가 아닐까요? 그래서 배우가 될 만큼 제 자신이 예쁘지 않은 것에 불만은 없어요. 그냥 이대로 내 얼굴을 사랑하려고요. 여러분도 생각을 바꾸면 생각보다 재미있는 일들이 주변에 많을 거예요."

이나는 루미 크리에이터가 진짜 멋져 보였다.

생각을 왜 바꿔야 할까요?

💗도움말 생각을 바꾸면 세상이 달라진다는 말을 들은 적 있나요? 정말 그럴까요? 이 순간 함께 생각해봐요. 아래 질문에 답을 적어보면서 같이 고민해봐요.

★ 여러분도 부정적 생각 하나쯤은 가지고 있을 거예요. 예를 들어, '나는 영어를 잘하지 못해', '나는 달리기를 못해', '나는 음치야' 같은 생각을 분명 갖고 있죠? 여러분은 어떤 면이 부족하다고 생각하나요? 자신이 못한다고 생각하는 그 일을 해야 할 때 어떤 마음을 가지고, 어떤 행동을 하게 되나요?

▶
....
....

★ 자신이 못하는 것들에 대한 생각을 바꿔볼까요? '나는 영어를 잘할 수 있어', '나는 이제 달리기를 잘해', '나는 노래를 잘 부를 수 있어'라고 말이죠. 생각을 바꾼다면 무엇이 달라질까요? 생각을 바꾸는 것이 어려운가요? 어떻게 달라져야 자신이 못하는 걸 잘할 수 있게 될까요?

▶
....
....

서준이의 고백

 다음 날, 이나는 등교하자마자 혜미를 찾아갔다. 공부방에는 같은 학교 친구들이 많았다. 혜미도, 하랑이도, 서준이도 모두 이나와 같은 학교 친구다. 서준이는 같은 3반이고, 혜미와 하랑이는 2반이다. 옆 교실로 간 이나는 혜미가 보이지 않아 두리번거렸다.
"혜미는 아직 안 왔어?"
하랑이가 고개를 끄덕였다.
"이따 혜미 오면 내게 톡 보내줘."
"알았어."
하랑이의 대답을 듣고서 이나는 2반 교실의 뒷문을 열고 나왔다. 그 순간, 혜미와 마주쳤다.

"안녕."

"어, 안녕."

혜미는 어정쩡하게 인사를 했다. 표정도 무뚝뚝했다. 아마도 떡볶이집에서 이나가 한 말 때문에 여전히 기분이 나쁜 모양이었다.

"내 톡 봤어?"

"봤어."

1이 사라지지 않았어도 톡 내용을 모두 알고 있을 거라고 생각한 대로였다. 물론 아침에 톡을 확인했을 때 숫자 1이 사라지기는 했다.

"왜 대답하지 않았어?"

"10시쯤에 봤어. 네가 자고 있을 거 같더라고."

"그래도 보냈어야지. 아침에 읽으면 되는 거잖아."

"대본 분석하느라 너무 피곤했어. 나는 대본 볼 때 휴대전화 잘 안 봐. 그때 온 톡에는 대답을 잘 하지 않는 편이야. 톡을 하다 보면 집중이 깨지는 것 같거든."

혜미는 이나를 빤히 바라봤다. '이제 됐지?'라고 말하는 것 같았다. 이나가 대답이 없자, 혜미는 교실 문을 열었다. 그 순간 이나가 혜미를 가로막았다.

"너도 사과해."

"뭘?"

"톡 보내지 않은 거."

"그게 미안해할 일이야? 그리고 사과하면 무조건 받아줘야 해? 어제 나도 기분이 나빴고, 네 사과를 받아줘야 할지 생각할 시간도 필요해. 그러니 비켜줘."

혜미는 이나를 밀치고 교실 안으로 들어가버렸다.

이나는 말문이 막혔다. 2반 교실 문을 잠시 쳐다보다가 3반 교실로 돌아갔다. 아무리 생각해도 혜미가 너무했다. 떡볶이집에서 있었던 일에 대해 사과 톡을 받았으면 대답해야 한다고 생각했다. 괜찮다고 말하는 게 그리 어려운 일인가? 친구 사이에 실수할 수도 있는 걸 가지고 속 좁게 고민해야 한다고 말하는 게 얄미웠다. 무엇보다 대배우인 척하는 모습도 눈꼴셨다. 대본 연습할 때는 휴대전화를 안 본다고 쳐도 이나가 톡을 보낸 게 오후 5시쯤이었다. 오후 10시까지는 무려 다섯 시간이라는 시간이 있었다. 그 사이 저녁도 먹었을 거고, 텔레비전도 봤을 터였다. 그사이 내내 대본만 들여다본 것도 아닐 터였다. 아무래도 거짓말 같았다.

"표정이 왜 그래?"

짝꿍이 이나를 보며 물었다.

"그냥."

"말해봐. 혜미 때문에 그러는 거지?"

이나는 제 속을 들여다보기라도 하는 듯한 짝꿍의 말에 놀라 눈이 동그래졌다. 아니라고 거짓말하기에는 짝꿍의 얼굴이 '다 알고 있어'라고 말하는 듯했다.

"등교하면서 서준이가 너희 떡볶이집에서 있었던 일을 얘기해주더라고."

"뭐?"

이나는 고개를 돌려 서준이를 봤다. 잠깐 눈이 마주쳤지만, 서준이가 고개를 돌렸다. 이나는 어제 그 일을 떠벌리듯 말한 서준이에게 섭섭했다. 그러면서 혹시 서준이가 그 일로 자신에게 실망했을까 걱정도 들었다. 하지만 이나는 혜미에게 사과했다. 사과를 받지 않은 건 혜미였다. 친구 사이에 말실수를 할 수도 있는 법인데, 그걸 가지고 까탈스럽게 구는 건 혜미였다. 이나는 그런 혜미가 얄미웠다.

이나는 문득 어제 오후와 밤에 일어난 일들을 친구들이 모를 수 있다고 생각했다. 얼른 자신이 혜미에게 사과했다는 걸 친구들에게 알리면 해결될 거라고 결론 내렸다. 짝꿍에게 상황을 설명하면 짝꿍이 나중에 자신의 편이 돼주리라 생각했다. 이나는 자신이 혜미에게 사과 톡을 보내면서 제페토 루미 크리에이터의 라이브 방송 정보도 알려줬다고 짝꿍에게 말했다. 그러고는 오늘 아침까지도 톡을 보내지 않은 혜미를 은근히 흉봤다. 다섯 시간 동안 휴대전화를 한 번도 안 본다는 게 말이 되냐며 콕 집어 이야기했다.

"어렵기는 하지."

"그렇지?"

짝꿍이 자신의 편을 들어주자 이나는 기분이 한결 나아졌다. 책상 위에 놓인 가방을 내리고 그 안에 든 교과서와 공책을 꺼내 책상 서랍에 넣었다.

"그렇긴 한데, 정말일 수도 있긴 해."

이나는 필통을 잡던 손을 멈추고 이랬다저랬다 하는 짝꿍에게 시선을 돌렸다.

"대본 분석은 공부가 아니잖아."

"그게 무슨 말이야?"

"우리 아빠는 집에 와서도 일을 해. 나하고 놀아주지 않아서 내가 자주 삐지거든. 그때마다 엄마가 자신이 맡은 일을 다 하려면 잠을 자는 시간도 줄여야 하고, 노는 것도 포기해야 한다고 했어. 내가 보기에는 혜미에게 연기는 일이니까 어쩌면 휴대전화를 오랜 시간 동안 안 볼 수도 있지 않을까?"

이나는 이해하기가 어려웠다. 정확히 말해 무슨 말인지 잘 몰랐다. 이나는 대답하지 않고, 입만 삐죽 내민 채 가방에 든 필통을 꺼내고는 책상 위에 올려놨다.

"그러면 사과는? 너는 혜미가 내 사과를 안 받아주는 건 당연하다고 생각해?"

짝꿍은 사과를 받아주지 않을 수 있다고 했지만, 여전히 이나는 그 말을 받아들일 수 없었다. 엄마가 누구나 친구와 싸울 수 있지만,

곧바로 사과하면 오래오래 친하게 지낼 수 있다고 말했기 때문이다.

"네가 루미 크리에이터 이야기를 일부러 알려주면서 사과를 했다는 건, 나는 네가 진심을 담아 미안해하는 걸 보여준 거라고 생각해."

짝꿍은 혜미가 잘못했다는 말은 하지 않았다. 다만 이나의 마음을 이해해줬다. 이나는 그것만으로 안도했다. 하지만 이나의 마음속에서 "사과하면 무조건 받아줘야 해?"라는 혜미의 말이 지워지지 않았다. 꼭 드라마 대사 같았다. '어쩌면 혜미가 드라마와 혼동하는 건 아닐까?'라는 의심이 들었다.

돌이켜보면 언제부터인가 혜미는 친구들에게도 배우처럼 연기하듯 행동했다. 대본에 나올 법한 말을 한 적도 여러 번 있었다. 특히 '괜찮아 그럴 수도 있지'라는 말을 자주 했다. 모든 걸 다 이해한다는 듯이. 이나는 그 말이 계속 귀에 거슬렸다. 어른인 척 친구들에게 떡볶이와 돈가스를 사는 것도 연기하는 것처럼 보였다. 심지어 어제 떡볶이집에서는 정말 스타인 것처럼 굴었다. 생각이 꼬리에 꼬리를 물었다.

그때였다. 아이들 사이에서 휘파람 소리가 들리더니 이내 환호하는 소리가 났다. 이나는

소리가 나는 곳으로 고개를 돌렸다. 남자아이들이 서준이에게 몰려들었다. 서준이의 얼굴이 빨개져 있었다.

"그러면 너희 이제 사귀는 거야?"

"몰라. 고백은 했는데, 혜미가 대답은 안 했어. 생각해보겠대."

이나는 자신의 귀를 의심했다. 서준이가 혜미에게 고백했다는 말을 믿을 수가 없었다. 이나는 화가 치밀었다. 자신이 좋아하는 서준이가 혜미를 좋아한다는 사실에, 무엇보다 자신이 좋아하는 서준이의 고백에 혜미가 대답하지 않았다는 말에 기분이 더 상했다. 심지어 혜미는 이나가 서준이를 좋아한다는 걸 알고 있었다. 그런데 거절이 아니라 생각해보겠다고? 이나는 속이 부글거렸다.

이나는 입술을 깨물며 분을 삭였다. 고백한 건 서준이었다. 혜미에게 서준이가 고백한 걸로 싸울 수도 없었다. 그렇다고 서준이에게 화를 낼 수도 없었다. 이나는 짜증이 치솟았다.

"너는 혜미가 왜 좋아?"

"예쁘고 친절하잖아. 그리고 내 꿈이 영화감독이거든. 혜미가 배우이니까 배울 것도 많을 거 같아."

서준이의 대답을 듣는 순간, 이나도 배우가 돼야겠다고 생각했다.

자기 행동과 결정에 책임지기

도움말 뿌린 대로 거둔다는 속담이 있어요. 콩 심은 데 콩 나고, 팥 심은 데 팥 난다는 말도 들어봤을 거예요. 자기가 한 행동과 결정은 반드시 그대로 나타난다는 말이에요. 우리 일상에서도 이 말을 경험하는 경우가 종종 있어요. 언제일까요?

★ 방학마다 방학 계획표를 세워봤을 거예요. 잘 지켰나요? 잘 지켰다고요! 그렇다면 여러분이 방학 계획표를 잘 지킬 수 있었던 이유를 적어보세요. 반대로 못 지켰다면 왜 지키지 못했는지도 한번 정리해볼까요? 그리고 계획표를 잘 지켰던 친구들은 방학이 끝났을 때 어떤 결과를 얻었나요? 계획표를 못 지켰던 친구들은 방학이 끝났을 때 어떤 일들이 벌어졌나요?

▶

....

....

★ 모둠 과제를 할 때 있었던 일도 이야기해볼까요? 기억나는 모둠 과제 하나쯤은 있을 거예요. 그때 자신에게 주어진 일은 무엇이었을까요? 협동이 잘됐나요? 아니면 반대였나요? 협동이 잘됐을 때의 이야기나 안됐을 때의 상황과 결과를 적어보세요.

▶

....

....

열 권의 독후감

집으로 들어서자, 엄마가 거실에서 무언가를 하고 있었다.

"뭐해요?"

"스트레칭"

엄마 말을 듣고 나니, 그제야 텔레비전이 보였다. 유튜브 영상에서 나오는 동작을 엄마가 따라 하고 있었다.

"식탁 위에 간식 있어."

"네."

이나는 방에 들어가 가방을 내려놓은 후, 편한 옷으로 갈아입었다. 이윽고 밖으로 나와서 식탁 위에 있는 간식을 확인했다. 고구마였다. 얼른 냉장고 문을 열어 우유를 컵에 따르고는 다시 식탁에 앉아 고구마를 먹으면서 엄마를 봤다.

엄마는 이나가 보든지 말든지 신경 쓰지 않는 것 같았다. 화면을 응시하면서 스트레칭을 따라 했다. 얼핏 보기에 엄마가 영상 속 진행자를 제대로 따라 하는 것처럼 보이지는 않았다.

"엄마, 오늘은 둘레길 안 걸어요?"

"다녀왔어."

이나는 엄마가 스트레칭을 시작한 것도 꿈 때문인지 의문이 들었다. 하지만 엄마에게 묻지는 않았다. 열심히 따라 하는 엄마의 모습을 보면서 더 물을 수가 없었다.

이나는 고구마를 계속 먹었다. 입 안에 있던 달콤한 고구마와 우유가 섞이면서 고소한 맛이 더해졌다. 고구마와 우유는 단짝이었다. 이나는 단짝이라는 단어에 혜미가 떠올랐다. 혜미가 배우가 되기 전에는 단짝처럼 잘 지냈는데…. 어디서부터 잘못된 걸까? 혜미가 독립영화 출연 사실을 자신에게 감출 때부터였을까? 솔직히 그때도 기분이 나빴다. 같은 빌라에 산 덕분에 혜미와는 비밀이 없었다. 초대장을 받고, 독립영화 상영관에 가서 혜미를 봤을 때 느꼈던 감정은 정말 오묘했다. 분명 축하해줘야 하는데도 축하의 말이 나오지 않았다. 부러우면서도 화가 나고, 잘됐다는 마음이 들면서도 샘이 났다.

지금도 이나는 자신이 왜 이토록 혜미에게 비딱하게 구는지 잘 몰랐다. 혜미가 잘난 척하는 거 같아서 얄밉기는 한데, 그렇다고 딱히 흉을 볼 만큼은 아니다. 하랑이와 짝꿍이 혜미의 입장에서 이야기해 주는 게 편들어주는 것 같아서 섭섭하기는 하지만, 딱히 일부러 그러는 것 같지는 않았다. 이나의 생각은 꼬리에 꼬리를 물었다. 결국 서준이가 혜미에게 고백했다는 사실이 다시 떠올랐다.

이나는 먹던 고구마를 내려놨다. 목이 막히는 기분이었다. 우유를 벌컥벌컥 마셨다. 4학년 겨울 방학이 되면 서준이에게 고백을 하려고 했던 순간이 기억나자 더 답답했다. 다행히 고백까지는 가지 않았다. 그 낌새를 서준이가 미리 알아차렸는지 "나는 좋아하는 친구가 있어."라고 선수를 쳤다. 지금에 와서 보면 잘된 일이었다.

갑자기 텔레비전 화면이 사라지고 소리가 멈췄다. 이나는 그제야 자신만의 생각에서 빠져나왔다. 그 순간 "띠릭, 띠릭, 띡, 띡" 하며 번호키를 누르는 소리가 들렸다. 아빠였다. 평소보다 빠른 퇴근이었다. 아빠는 거래처 회의가 있었는데, 마침 거래처가 집 근처라서 일찍 왔다고 했다. 그러고는 일찍 퇴근한 김에 저녁을 손수 준비하겠다고 했다. 아빠는 편안한 옷으로 갈아입고는 이나 맞은편 식탁 의자에 앉았다. 그러자 엄마도 냉장고에서 시원한 물 한 컵을 가지고 와 아빠 맞은편에 앉았다.

"요것만 먹고 그만 먹어. 두 시간쯤 있다가 저녁 먹을 거니까."

아빠의 말에 이나는 고개를 끄덕였다.

"그런데 이나야. 무슨 일 있니? 집에 들어오면 쉴 새 없이 조잘거리는 녀석이 오늘따라 아무 말도 없네."

역시 엄마의 전공은 이나가 맞았다. 고구마에 우유를 먹은 것뿐인데도 엄마는 용케도 이나의 기분을 눈치챘다.

"무슨 일 있었어? 친구하고 싸웠니?"

아빠가 걱정스러운 얼굴을 하며 물었다.

이나는 혜미 이야기를 하기 싫었다. 서준이가 혜미에게 고백했다는 말은 더더욱 하고 싶지 않았다. 이나에게도 비밀은 있는 법이니까.

"아무 일도 없어요."

"노력 없이 공부 잘하는 법을 못 찾아서 그런 거야?"

이나의 말에 엄마가 대뜸 물었다. 아마 어제 했던 말 때문인 듯했다.

"우리 이나가 욕심쟁이구나."

"그게 왜 욕심이에요?"

이나는 욕심이라는 말에 완벽히 공감할 수 없었다. 혜미는 이모의 친구가 독립영화를 찍는 감독이라서 데뷔할 수 있었다. 정말 우연이었고 행운이었다. 지금 혜미가 아역 배우를 할 수 있는 건 모두 노력 없이 얻은 결과였다.

"세상에 거저 얻는 건 없거든. 가끔 행운이 찾아오지만 그 행운도 준비했던 사람에게 오는 거야. 그리고 행운을 유지하려면 노력이 필요한 거고."

아빠의 설명을 이나는 받아들일 수 없었다. 혜미가 쏟은 노력이라고는 연기 학원 다니는 것뿐이었다. 그건 어느 배우나 거의 모두 하는 일이었다. 특별할 게 없었다.

"그런데 우리 이나는 왜 노력 없이 공부 잘하는 법을 찾고 싶었던 거야? 공부를 잘하고 싶어졌어?"

"아니에요."

아빠의 물음에 이나는 단호하게 대답했다.

"그러면 잘하고 싶은 게 생긴 거야?"

"잘하고 싶다고 다 잘하는 건 아니잖아요."

"그건 그렇지만 그래도 시도라도 해봐야지 않을까? 그러려면 노력부터 해야겠지만."

이번에는 아빠 말씀이 맞는 것 같았다. 이나는 '혜미처럼 배우가 되면 어떨까?'라고 생각했다. 아니다. 그보다 조금 더 높이 올라간다면…. 그래! 스타가 되면 말이다. 만약 자신이 스타 배우가 되면 혜미가 자기 생각을 말하지 않아도 친구들의 혜미의 입장에서 말해주는 것처럼 이나 자신의 입장부터 헤아려줄 것 같았다. 평범한 배우보다 스타 배우가 되면 서준이의 마음도 돌릴 수 있을 듯했다. 영화에는 늘 스타 배우가 주인공이니까.

"그러면 연기 학원 보내주세요. 스타가 되고 싶어요."

"안 돼."

가만히 듣던 엄마가 단호하게 반대했다.

이나는 당황했다. 늘 이나의 꿈을 응원하겠다고 말하던 엄마였기에 반대는 예상하지 못했다. 게다가 어제만 해도 이나에게 미래를 한번 생각해보라고 했던 엄마였다.

"학원비가 비싸서 보내주지 못하는 거예요?"

"그렇지는 않아. 엄마는 네가 스타가 되고 싶은 건지, 아니면 배우가 되고 싶은 건지 정하지 못한 것 같아서 반대하는 거란다."

"당연히 스타죠. 스타가 되면 돈도 더 많이 벌고 사람들이 더 많이 좋아해주잖아요."

이나는 솔직하게 말했다. 친구들도 혜미보다 스타가 된 이나를 더 좋아할 거라고 확신했다.

"그래서 엄마가 반대하는 거야. 연기 학원은 배우가 되려는 사람들이 가는 곳이야. 그런데 너는 배우가 아니라 스타가 되고 싶다고 하고 있잖아."

"그게 뭐가 다른데요?"

"목표와 네 노력의 방향이 달라. 스타는 배우가 아니더라도 될 수 있어. 운동선수도 스타가 있고, 가수가 돼도 스타가 될 수 있다는 걸 너도 알잖아. 소설가도 스타가 될 수 있고, 심지어 유명한 과학자도 많아."

"엄마 말씀은 정말 이나가 잘할 수 있는 분야를 선택해서 노력하다 보면 스타가 될 수 있다는 의미야. 굳이 연기 학원에 다닐 필요가

없다는 말이지."

아빠가 엄마의 말에 덧붙여 설명했다.

"배우로 스타가 될 거예요. 스타가 되면 돈도 많이 벌고 좋잖아요."

이나는 생각을 굽히지 않고 또박또박 말했다.

"어떤 배우가 되고 싶은데? 이나는 드라마나 영화에 나온 수많은 배우 중에 닮고 싶은 배우가 있니?"

엄마의 질문은 집요했다. 이나는 한 번도 생각해본 적 없던 질문이라서 대답하기가 어려웠다. 왠지 연기 학원을 보내주지 않으려고 엄마가 만든 질문 같았다.

"엄마가 마지막으로 하나 더 물을게. 너는 연기 학원을 다니는 것 말고 스타가 되기 위해 어떤 노력을 할 거니?"

이나는 머릿속에서 아무런 생각도 나지 않았다. 연기 학원만 다니면 배우가 될 테고 그러면 스타가 되는 게 아닌가? 정해진 절차였다. 굳이 다른 노력이 필요한 걸까? 맞다! 스타가 공부를 못하면 체면이 구겨질지도 모른다. 스타는 모든 면에서 멋져야 하는 거니까. 혜미가 공부를 열심히 하는 것도 그 때문인 듯했다. 물론 혜미에게 물어본 적은 없지만 이나는 자신의 추측을 확신했다. 혜미가 성적이 계속 올랐던 것도 독립영화에 출연했던 그때 이후였다.

"연기 학원 열심히 다닐게요. 공부도 열심히 하고요. 성적을 올리면 되는 거죠?"

엄마는 대답하지 않았다. 아빠는 엄마 눈치를 보는 것 같았다. 아빠는 엄마 의견을 늘 따르니까.

'아빠가 내 편이 돼서 내 입장에서 단호하게 말해주면 좋을 텐데.'

이나는 아빠와 눈을 마주치며 은근히 눈빛으로 말했다. 그러나 아빠는 이나의 눈빛을 알아채지는 못하는 것처럼 보였다. 어쩌면 모르는 척하는 것일 수도 있었다.

"그러면 엄마가 이나에게 조건을 걸게."

이나는 엄마의 조건을 듣지 않아도 알 수 있었다. 분명 성적을 올리라는 말일 터였다. 연기 학원을 반대하려면 이나가 가장 해내기 어려운 조건이 성적이니까.

'수학 100점을 맞으라고 하실까? 영어 90점일까? 아니면 국어 100점? 설마 모든 과목 80점 이상 성적을 받으라는 조건은 아니겠지.'

"뭔데요?"

"책 열 권을 석 달 이내에 읽어서 독후감을 써봐. 하지만 논술 학원을 보내달라거나 하면 안 돼. 오롯이 이나 스스로 해내야 해. 알았지?"

"여보, 그건 이나에게 조금 어려운 조건 같아요."

엄마의 조건을 들은 아빠가 말했다.

이나는 아빠가 지금 자신을 과소평가한다고 생각했다. 열 권이 뭐가 어렵다고? 석 달 안에 열 권 읽는 거라면, 한 달에 세 권이다. 마지막 달에는 네 권 읽으면 그만이다. 어려울 것 하나도 없었다. 수학 100점보다, 영어 90점보다 훨씬 쉬운 조건이었다.

엄마도 쉽다는 걸 아는 모양이었다. 아빠의 걱정에 대답하지 않았다. 도리어 이나를 보며 한마디 더 보탰다.

"꾀부린다고 유치원생이 볼 법한 그림책은 안 돼. 적어도 엄마가 납득할 만한 책을 봐야 해. 알았지?"

이나는 배시시 웃었다. 할 수 있다. 너무너무 쉬운 일이었다.

목표를 제대로 정해봐요

♥도움말 '과학자가 되고 싶어요', '가수가 되고 싶어요', '유튜버가 되고 싶어요', '선생님이 되고 싶어요'. 여러분의 꿈은 더 다양하겠죠? 그런데 막연하게 꿈을 꾼다면 그냥 꿈으로 끝나버려요. 구체적으로 생각하고 어떻게 실천할지 계획을 세운다면 꿈이 아니라 미래의 현실이 될 수 있어요. 하지만 어떻게 실천하는지 답답할 거예요. 아래 내용을 따라 한번 정리해보세요.

★ 목표를 분명히 세우는 건 어떤 것일까요? 우선 자동차를 운전하는 부모님을 떠올려봐요. 가족여행을 다닐 때, 어떻게 그곳을 찾아가나요? 내비게이션에 목표 지점을 입력하고서 운전을 해야겠죠. 천문대를 간다고 해볼게요. 내비게이션에 천문대라고만 입력하면 아무 데도 갈 수 없어요. 어느 산에 있는 천문대인지 정확하게 입력해야만 제대로 된 길을 네비게이션이 알려주죠. 길을 안내해주는 내비게이션과 나의 목표를 연결해서 생각해봐요. 과학자가 꿈인가요? 그냥 과학자가 아니라 무엇을 연구하는 과학자가 되고 싶은가요? 유튜버가 되고 싶다면 어떤 콘텐츠를 만들어내는 유튜버가 되고 싶은가요? 자신의 목표를 구체적으로 적어보세요.

★ 꿈이 현실이 되려면 실천 계획을 세워야 해요. 다이어트를 하려면 운동 계획을 세워야 하는 것처럼 말이죠. 하지만 너무 무리하게 계획을 세우면 포기하기 쉬워요. 요요현상도 올 수 있어요. 단계별로 조금씩 다이어트를 한다면 목표 몸무게까지 금방 달성할 수는 없어도, 결국 좋은 결과를 이뤄낼 수 있어요. 꿈을 이루기 위해서 어떤 노력을 할지를 정리해봐요.

▸

톡으로 수다 떨고 싶고, 게임도 하고 싶어

이나는 침대에 누워서 학교 도서관에서 빌려 온 《숲속 우주 대탐험》이라는 판타지 동화를 읽었다. 한 페이지를 넘기기 전에 휴대전화로 손이 갔다. 단톡방에 톡이 많이 올라와 있었다. 이나는 단톡방을 열어 톡 내용을 확인했다. 별다른 이야기는 없었다. 토요일이라 그런지 친구들도 할 말이 별로 없는 모양이었다. 이나는 화면을 내리다가 하랑이와 개인 톡창을 열었다.

뭐해?

하랑
텔레비전 봐.

> 놀러 안 가?

하랑
> 할머니와 할아버지가 오신대.
> 너는 놀러 안 가?

> 책 읽어야 해.

하랑
> 책이라고? 네가?

하랑이의 반응에 기분이 언짢았다. 톡 글자가 '네가 웬일로 책을 읽어?'라고 말하는 것 같았다.

> 내가 책 읽는 게 이상해?

하랑
> 너는 전래동화도 재미없어서 읽지 않았다고 내게 말했던 거 같아서. 좀 놀라운데.

이나는 멈칫했다. 하랑이가 자신을 이상하게 볼 만했다.

> 사정이 있어.

이나는 아직 연기 학원을 다닐 것이라는 말을 하지 않을 생각이다. 우선 엄마가 내건 책 열 권 읽기와 독후감 과제를 끝낸 후에 비밀을 털어놓아야만 덜 창피할 것 같았다.

하랑
뭔데?

나중에 말해줄게.

하랑
그래. 알았어. 앗. 할머니 오셨다. 나중에 얘기해.

이나는 휴대전화를 침대에 내려놓고 다시 동화책을 읽었다. 다음 페이지를 읽는데, 집중하기가 어려웠다. 책을 읽는 게 의외로 힘든 일이라는 걸 알았다. 그러고는 고개를 들어 책상 위에 놓인 책 한 권을 쳐다봤다. 《습관 부자 재영이》라는 글자가 눈에 들어왔다.

며칠 전 이나는 서점에 갔다. 엄마하고 예전에 몇 번 와본 적이 있었지만 자주 오지는 않았다. 이나가 책 읽기를 좋아하지 않았기 때문이다. 서점은 그 자체로 따분했다. 서점에 간다고 나왔을 때 집으로 돌아가는 길에 엄마가 피자나 맛있는 케이크를 사주는 까닭에 그걸 먹을 요량으로 따라나설 뿐이었다. 엄마도 그걸 눈치챘는지 언제부터인가 이나를 데리고 서점에 가질 않았다.

이나가 서점에 나온 건 연기 학원에 보내준다는 조건으로 내건 엄마와의 약속을 지키기 위해서였다. 엄마가 같이 가자고 했지만 이나는 자신이 읽고 싶은 책을 고르고 싶어서 혼자 가겠다고 했다. 이나는 체크카드를 챙겨서 서점으로 향했다.

　서점에 들어서자마자 동화책이 진열된 서가를 찾았지만 잘 보이지 않았다. 이나는 굳이 서두를 필요가 없다는 생각에 눈에 들어온 문구 판매 코너로 향했다. 학교 주변 문방구에서는 볼 수 없는 예쁜 스티커와 연필이 많았다. 마침 그 옆에 각양각색의 무선 이어폰 케이스도 놓여 있었다. 이나는 동화책을 사야 한다는 목적도 잊은 채

문구 판매 코너에서 홀린 듯 구경했다.

 그때 파란색 모자를 쓴 여자아이가 보였다. 단발머리의 여자아이가 왠지 익숙했다. 모자를 썼지만 한눈에 혜미라는 걸 알 수 있었다. 이나는 혜미의 뒤를 따라갔다. 혜미는 거침없이 걷더니 한 코너 앞에 멈춰 섰다. 이나는 고개를 들어 그곳에 적힌 안내판을 읽었다. 아동문학 코너였다. 책꽂이에는 동화책이 한가득 꽂혀 있었다. 이나는 코앞에 두고도 찾지 못했는데 혜미는 서점에 자주 왔었던 듯 모든 게 익숙해 보였다.

 혜미는 책이 꽂힌 진열대에서 한 권씩 책을 꺼내 읽고 있었다. 이

나는 혜미 옆으로 다가섰다. 요즘 들어 혜미와는 사이가 껄끄러워져서 아는 체하지 않았다. 혜미는 이어폰을 꽂은 채 집중해서 책을 보고 있었는지 옆에 사람이 다가와도 신경 쓰지 않았다.

순간적으로 혜미가 몸을 돌렸다. 이나도 따라 몸을 돌렸다. 혜미는 고개 한 번 돌리지 않더니 매대 위에 놓인 책 한 권을 다시 살폈다. 《습관 부자 재영이》라는 책이었다. 혜미는 책을 잠시 보더니 곧장 계산대로 향했다. 이나는 혜미의 뒷모습을 잠시 살펴보다가 혜미가 고른 그 책을 집어 들었다. 그러곤 집으로 돌아왔다.

"이나야!"

밖에서 아빠의 목소리가 들렸다. 이나는 벌떡 일어나 문을 열고 거실로 나갔다.

"아빠가 호떡을 만들었는데, 안 먹을래?"

물어볼 필요도 없었다. 이나는 식탁으로 다가와 의자에 앉았다. 아빠는 아이스크림을 얹은 호떡이 담긴 접시를 이나 앞에 놔줬다. 텔레비전 예능 프로그램에서 본 적이 있는 음식이었다. 외국에 가서 식당을 하는 프로그램이었는데 그때 나온 아이스크림을 얹은 호떡이 디저트로 나왔다. 그 프로그램을 보면서 이나도 한번 먹어보고 싶다고 생각했었다. 그리고 아빠에게 흘리듯 얘기했었다. 아마도 아빠가 이나의 말을 기억하고 만들어준 모양이다.

"당신도 먹어요."

아빠가 엄마도 불렀다. 세 식구가 식탁 의자에 앉았다.

"지금까지 방에서 뭐 했어?"

아빠가 나이프로 자른 호떡을 입에 넣으면서 물었다.

"책을 읽고 있었어요."

"무슨 책인데?"

"판타지 동화예요."

"재밌어?"

"재미있는지는 아직 모르겠어요. 이제야 읽기 시작했는걸요."

차마 아빠에게 다섯 페이지도 못 읽었다고 말할 수는 없었다. 하지만 방법을 찾아야만 했다. 이나는 호떡을 먹으면서 이런저런 생각이 들었다. 웹툰은 재미있고 잘 읽는 편이었다. '혹시 전자책이라면 잘 읽힐까?' 혼자 고개를 살짝 가로저었다. 이나는 우선 문장이 많으면 읽는 걸 힘들어했다. 서점에 다녀온 날, 혜미가 고른 《습관 부자 재영이》의 첫 장을 펴고 읽을 때는 정말 암담했다. 한 장이 아니라 한 문단을 겨우 읽는 수준이었다. 곧 책장을 덮고 말았다. 어려웠다. 혜미는 어떻게 이 책을 고른 것인지 궁금했다.

"아빠 생각에는 우리 이나가 재미있어할 만한 책을 골라서 읽어야 해. 그래야 책 읽는 기쁨을 알게 될 거고, 나중에는 점점 더 어려운 책도 재미있게 읽을 수 있을 거야."

'그동안 혜미도 책을 많이 읽었던 걸까?'

서점에서 아동문학 코너를 바로 찾아가는 모습을 떠올려보니 혜미는 그동안 서점에 자주 들러 책을 산 것처럼 느껴졌다.

"책을 재미있게 읽는 방법이 있어요?"

"글쎄. 아빠가 어릴 때는 휴대전화가 없을 때 책을 자주 보는 편이었거든. 이나 주변에 책을 많이 읽는 친구들에게 물어보면 좋지 않을까?"

"힘들면 포기해도 돼. 연기 학원 안 다니면 되잖아. 안 그래?"

아빠의 말이 끝나자마자 엄마가 아이스크림을 잔뜩 묻힌 호떡을 포크로 찍으면서 한마디 했다. 갑자기 '엄마의 말대로 할까?' 하는 마음이 들었다. 엄마의 말은 아이스크림처럼 달콤했다. 포기하면 될 일이었다. 이나는 굳이 힘든 선택을 할 필요가 없었다.

"아니에요. 할래요. 포기하지 않을 거예요."

호떡의 설탕 앙금과 달콤하고 부드러운 아이스크림 같은 엄마의 말이 악마의 속삭임처럼 귓가를 맴돌았지만 그 순간 이나는 서준이가 떠올랐다. 무선 이어폰을 꽂은 혜미도 떠올랐다. 어떻게든 연기 학원을 다녀야 했다. 스타가 돼야만 했다.

"우리 이나 좀 멋있는데? 예전 같았으면 바로 포기했을 텐데."

엄마가 미소를 지으며 칭찬했다.

이나는 어깨를 으쓱했지만 마음 한구석은 여전히 불편했다. 하지만 감상문을 쓰려면 책부터 읽어야 했다. 그것도 잘 읽어야만 했다. 마음이 조급했다. 물론 방법이 없는 건 아니었다. 인터넷에는 감상문이 엄청 많았다. 심지어 아예 특정 책에 대한 줄거리를 말해달라는 글도 심심찮게 올라왔다. 그 글을 베끼면 될 일이었다. 하지만 이나는 엄마를 속이고 싶지 않았다. 엄마를 속여서 연기 학원을 간다 해도 적어도 진짜 독후감을 쓰지 않았다는 건 이나 자신이 아는 사실이니까.

"잘 먹었습니다."

이나는 호떡을 다 먹고는 얼른 방에 들어갔다. 다시 휴대전화를 들어 제페토에 들어갔다. 톡에서 대화하는 상대는 학교 친구가 대부분이었다. 친구들에게 책 잘 읽는 방법을 물어보면 분명 소문이 다 퍼질 터였다. 하랑이와 비슷한 반응을 보일 친구도 있을 테고. 하지만 제페토는 다르다. 모르는 사람에게 물어볼 수 있었다.

이나는 제페토에서 여러 장소를 뒤적였다. 제페토 안에도 서점은 있었다. 우리나라 대형 서점에서 만든 공간이었다. 독서 모임 공간도 있었다. 우선 독서 모임 공간으로 갔다. 그곳에는 아바타가 몇 명 없었다. 그래도 얼른 키보드로 [책을 읽니?]라고 입력했다. 아바타들은 이나의 물음에 대답하지 않았다.

이나는 답을 얻지 못하자 서점으로 향했다. 아이들이 열심히 뛰어다니고 있었다. 현실에서는 뛰어서는 안 되는 곳인데, 아바타들은 사진을 찍으면서 놀고 있다. 이나는 이번에도 [책을 좋아하니?]라고 채팅창에 입력해 엔터를 눌렀다. 역시 반응이 없었다. 책과 관련 있는 장소지만 책을 읽는 사람은 제페토에 없는 듯했다.

그도 그럴 것이 제페토는 노는 공간이었기 때문이다. 친구들과 여러 장소를 구경하고 사진을 찍는 놀이 플랫폼이었다. 게임도 하고 펫을 키우는 가상 현실이었다. 여기서 책을 본다는 건 말이 되지 않았다. 이나는 서점을 빠져나왔다. 그런데 제페토를 종료하려는 순간, 제페토 톡이 와 있었다. 이나는 제페토 톡을 봤다.

익명

> 나는 게임도 좋아하지만, 책을 읽는 것도 좋아해.

이나의 입꼬리가 올라갔다. 얼른 키보드를 두드렸다.

> 원래부터 책을 잘 읽었어?
> 나는 책 한 페이지 읽기가 힘들어.
> 책을 잘 읽을 방법이 없을까?

익명

> 글쎄. 혹시 소리 내서 읽어보면 어때?
> 소리를 내서 읽다 보면 아무래도 딴생각이 덜하지 않을까?
> 나도 재미없는 책을 볼 때면 자꾸 휴대전화 생각이 나거든.

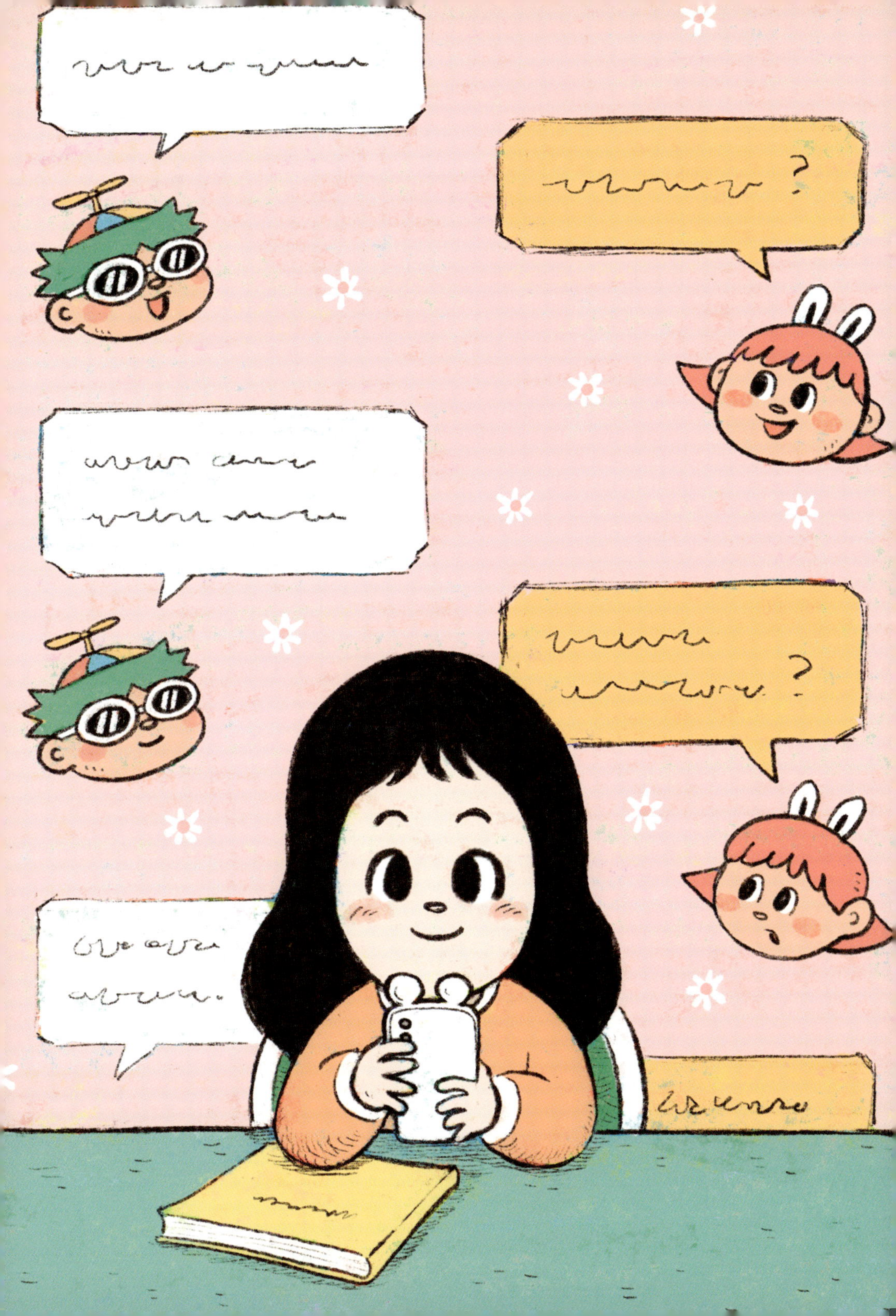

소리 내어 책을 읽는다는 제페토 친구의 조언은 좋은 방법 같았다. 이나도 눈으로 읽다 보면 딴생각이 금방 났기 때문이다. 친구들과 톡으로 수다를 떨고 싶고 게임도 하고 싶었다. 그 친구의 말처럼 소리 내 읽다 보면 책에 더 집중할 수 있을 것 같았다.

> 네가 말한 방법으로 해볼게.
> 고마워.
> 혹시 잘하지 못할 거 같으면 물어볼게. 그래도 되지?

익명
> 그래. 우선 내가 팔로잉해둘게.

> 나도. 네 제페토 피드도 구경할게. 너도 놀러 와.

익명
> 알았어.

이나는 제페토를 빠져나오면서 안도감이 들었다. 이제 방법을 찾은 듯했다.

나쁜 습관 버리기

♥도움말 여러분은 아이스크림을 안 먹을 수 있나요? 게임을 안 할 수 있나요? 엄마들은 찬 음식을 많이 먹지 말라고 하죠. 게임도 정해진 시간에만 하라고 하고요. 우리는 더 먹고 싶고, 더 하고 싶을 때가 많아요. 하지만 꿈에 다가서려면 우리는 좋지 않은 습관을 버리려고 노력해야 해요.

★ 여러분의 나쁜 습관은 무엇인가요? 쉽게 떠오르지 않는다면 엄마에게 듣는 가장 큰 잔소리가 뭔가요? 그 잔소리가 합당하다고 생각한다면 그건 나쁜 습관이에요. 예를 들어 양치질을 자주 하지 않는다거나 엄마 몰래 게임을 하다가 들켰다거나 하는 경우가 있을 거예요. 자신이 가진 나쁜 습관에 대해 적어봐요.

▶
....
....

★ 나쁜 습관을 고쳐보고 싶다는 생각이 드나요? 하지만 생각보다 쉽게 고치기는 어려울 거예요. 나쁜 습관 버리기 단계별 계획표를 짜볼까요?

▶
....
....

5년 안에 해낼 거야

　이나는 집으로 돌아오면 소리 내어 《숲속 우주 대탐험》을 읽었다. 소리 내어 읽기는 예상과 달리 효과가 그다지 크지 않았다. 처음에는 집중하는 듯했지만, 금세 딴생각에 빠지곤 했다. 그러면 이나는 읽는 자세를 바꿨다. 침대 위에서 읽기도 하고, 책상 의자에 앉아서 또박또박 소리 내어 읽기도 했다. 거실로 나와 읽을 때도 있었다. 솔직히 매우 좋은 방법 같진 않았지만 그래도 발전의 기미는 보였다. 읽는 분량이 한 페이지에서 세 페이지로 늘었다는 점, 소리 내어 읽는 까닭에 그동안 휴대전화를 쳐다보지 않았다는 점은 좋았다. 물론 세 페이지쯤 지나면 어김없이 딴생각이 나기는 했다.
　오늘도 이나는 방에서 《숲속 우주 대탐험》을 보다가 거실로 나와서 소리 내어 책을 읽었다. 어느새 바깥은 어두워져 있었다. 시계를 보니 오후 6시 30분이었다. 때마침 엄마와 아빠가 함께 현관문을 열었다.

"다녀오셨어요."

"혼자 무섭지 않았어?"

"하나도 안 무서웠어요."

"우리 딸, 이제 다 컸네."

아빠가 거실로 들어오면서 이나의 머리를 쓰다듬으며 칭찬했다.

"정말 정상까지 다녀온 거예요?"

엄마는 정상까지 다녀오면 조금 늦을지 모른다고 이나에게 미리 일러뒀다. 집에 돌아왔을 때 엄마가 보이지 않자 이나는 몸이 약한 엄마를 걱정했다. 요즘 운동을 자주 하긴 했지만 운동 좀 한다고 약한 몸이 바로 건강해지는 건 아니기에 책을 읽는 동안에도 신경이 쓰였다. 하지만 엄마의 표정은 밝았다. 엄마는 휴대전화의 갤러리를 열고는 태극기가 펄럭이는 정상에서 찍은 셀카를 이나에게 보여줬다. 활짝 웃는 엄마 얼굴이 예뻤다.

"정상까지 올라가는데, 둘레길 걷는 것과는 차원이 다르더라. 심장이 너무 뛰어서 숨이 잘 안 쉬어지더라고. 그때마다 쉬면서 천천히 올라갔더니 결국 정상에 다다랐어."

엄마의 목소리는 들떠 있었다. 이나는 평소보다 높은 목소리로 말

하는 엄마를 보며 빙그레 미소 지었다.
"이럴 게 아니라, 오늘 파티할까?"
"정상에 올라간 거 가지고 무슨 파티예요?"
아빠의 호들갑에 엄마가 한마디 했지만 싫은 내색은 아니었다. 이나는 파티를 하면 좋겠다고 생각했다. 무엇보다 맛있는 음식을 먹을 수 있기 때문이다. 어쩌면 아빠가 케이크를 사 올지도 모를 일이었다. 이나는 눈치를 살살 살폈다.
"정 축하해주고 싶다면 오늘 저녁을 당신하고 이나가 하는 게 어때요?"
"이나가 오케이 해야지. 이나야 어때?"
엄마의 제안을 받아 아빠가 이나에게 물었다.
"좋아요. 대신 제가 좋아하는 요리 하나 해주세요."
"그러자꾸나."
아빠가 활짝 웃었다. 저녁 식사를 준비하는 아빠가 왠지 신나 보였다. 아빠가 옷을 갈아입고 나오는 사이 이나도 거실 소파에 던져놓은 책을 다시 제 방 책상 위에 올려놓고 나왔다. 뚝딱뚝딱. 아빠가 요리를 시작했다. 이나는 옆에서 아빠가 꺼내달라는 그릇과 조리도구를 찾아 조리대 옆에 가져다 놨다.
"우리 공주님이 제일 좋아하는 반찬 중 하나가 찹스테이크 맞지?"
이나는 대답 대신 고개를 끄덕였다.

"그러면 이나가 냉동실에서 소고기 좀 꺼내서 물에 담가줄 수 있겠니? 그래야 빨리 녹거든."

"잠깐만요."

이나는 냉동실 문을 열었다. 소고기가 꽤 많았다. 엄마는 항상 반찬 재료를 조금씩 자주 사 오는 편이었다. 생각보다 많은 소고기에 이나는 고개를 갸웃했지만 이내 생각을 접어두고 '스테이크용'이라고 적힌 덩어리를 꺼내 물에 담갔다. 뚝딱뚝딱. 다시 경쾌한 소리가 들리기 시작했다. 아빠는 재빠르게 요리했다. 이나가 좋아하는 찹스테이크를 만들기 위해 양파와 파프리카도 썰었다.

엄마는 아빠와 이나가 요리하는 모습을 쳐다보지 않고 거실 소파에 앉아 텔레비전을 봤다. 엄마 얼굴이 편안하고 상쾌해 보였다. 그러고 보면 엄마는 둘레길도 걷기 시작했고 집에서 영상을 보며 혼자 꾸준히 운동도 했다. 심지어 오늘은 정상까지 등산도 했다. 이나가 책 열 권을 읽는 것 때문에 고민하는 사이 엄마는 많이 달라져 있었다.

"이나야, 식탁에 수저 좀 놔줄래. 아빠는 찌개와 밥을 뜰게."

아빠의 목소리에 정신이 돌아온 이나는 "그럴게요!"라고 답하고는 수저통에서 숟가락과 젓가락을 가져와 식탁 위에 가지런히 놓았다. 그사이 아빠는 식사 준비를 마쳤다.

"저녁 식사 해요."

아빠의 말에 엄마가 소파에서 일어나 식탁으로 다가와 의자에 앉았다. 엄마는 찌개를 먼저 떠서 먹더니 엄지를 치켜들었다. 아빠의 얼굴에 미소가 번졌다. 하지만 이나는 찌개 대신 찹스테이크가 먼저였다. 고기 하나를 집어먹었다.

"아빠 찹스테이크도 맛있어요."

"정말? 아빠 기분이 엄청 좋은데? 그런데 여기 채소도 같이 먹어야 해. 알았지?"

　함박웃음을 지으며 말하는 아빠를 보며 이나는 고개를 끄덕이다가 엄마에게로 시선을 돌렸다.

"그런데 엄마, 냉동실에 소고기가 꽤 많더라고요."

"아, 그거, 엄마가 요리 연습하려고 산 거야."

"요리 연습요?"

　이나는 요리를 잘하는 엄마가 연습을 한다니까 이상했다. 엄마는 이나의 생각을 눈치챘는지 설명해줬다.

"엄마가 우리 동네를 중심으로 이유식을 만들어 팔기 시작했거든. 아직은 아는 사람들에게만 매일 만들어 팔고 있어. 그분들이 또 여러 곳에 소개해주면서 이유식을 좀 더 많이 만들고는 있는데, 어떻게 하면 다양한 음식 재료를 아기들에게 먹일 수 있을지 생각 중이야. 그래서 연습하려고 조금 더 많이 사 온 거야."

이나는 며칠 전에 엄마에게 꿈이 생겼다고 한 말이 떠올랐다. 이유식과 엄마의 꿈이 상관 있는 걸까?

"생각보다 반응이 좋아."

엄마가 이어 말했다. 엄마의 표정은 흥겨워 보였다.

"혹시 엄마 꿈이 이유식과 관련 있어요?"

"그래. 엄마는 이유식 인터넷 사업으로 5년 안에 부자가 될 거야."

'엄마가 부자가 된다면 책을 읽지 않아도 되는 걸까? 엄마가 무선 이어폰도 사주겠지?'

이나는 잠깐 기쁜 생각이 들었지만 이내 혜미가 배우라서 좋다고 한 서준이의 말이 떠올랐다.

"왜 이유식이에요?"

"몇 달 전에 엄마 친구가 아기를 낳았거든. 그 친구는 직장 생활을 해서 이유식 만들기가 어렵다고 하더라고. 그래서 엄마가 이유식을 종류별로 만들어서 가져다 줬는데 아기가 너무 잘 먹는다는 거야. 무엇보다 엄마가 만들어주니까 재료에 대한 믿음이 간다면서 이유식을 한번 만들어 팔아보라고 했어. 그리고 친구가 동네에 있는 또래 아기 엄마를 많이 알고 있으니까 아기 예방 접종을 하면서 다른 아기 엄마들에게도 소개해주겠다고 제안하더라고."

엄마는 잠시 물을 마시고는 말을 이어갔다.

"생각해보니 나쁘지 않겠더라고. 좋은 재료로 아기의 이유식을 만드는 일은 의미 있는 일이기도 하고. 하지만 엄마 건강이 썩 좋지 않은 편이었잖니. 그래서 운동을 시작할 수밖에 없었단다."

"하지만 5년이면 부자가 될 수 있어요?"

"쉽지 않겠지. 하지만 목표를 세워서 실천하다 보면 되지 않을까? 긍정적 생각과 할 수 있다는 다짐을 매일 하다 보면 저절로 힘이 나서 정말 될 거 같아. 지금은 그래."

이나는 도무지 이해하기가 어려웠다. 누구나 생각은 한다. 목표를 세우고 실천도 한다. 하지만 모두가 성공하는 건 아니다. 긍정적 생각과 목표를 향해 실천하는 것만으로 성공한다면 누구나 모두 부자가 되고 자기 꿈을 이뤘어야 한다. 이나도 지금 목표를 세우고 책을 읽지만 한 권 읽기조차 버거울 지경이다. 중간에 포기할지 모른다는 불안감도 있었다.

"우리 이나 표정이 왜 그래?"

아빠가 이나를 보며 물었다. 이나는 솔직히 말했다. 책 열 권 읽는 것도 버거운데 긍정적인 생각을 가지는 게 쉽지 않다는 속마음을 털어놓았다.

"이나의 마음이 복잡하구나. 하지만 웰씽킹을 해야만 결국 목표에 도달할 수 있는 법이란다."

"웰씽킹요?"

"웰씽킹은 풍요의 생각이란다. 이나는 스타가 되는 게 꿈이랬지. 한번 상상해봐. 스타가 된 이나의 모습 말이야. 어떠니?"

"상상만으로도 행복해요."

"그렇지? 행복한 상상이 현실이 되면 더 좋겠지. 현실로 만들고 싶다는 욕심이 더더욱 생길 거고."

"맞아요."

실제로 그랬다. 이나는 밥을 먹으면서도 스타 아역 배우가 된 자신의 모습을 떠올렸다. 연말 연기 시상식에서 아역 배우상을 받는 자신을 떠올리니 자신도 모르게 히죽 웃음이 났다.

"바로 그거야. '나는 언젠가 스타가 될 거야.' 그냥 말도 안 되는 욕심이라도 그 상상을 실제로 만들고 싶어지면 사람은 움직이게 돼 있어. 스타가 되기 위해 목표도 세우고 자기 실력도 쌓아가겠지. 또 목표를 이루려면 누구나 위기를 만나게 되지만 상상을 현실로 만들고자 웰씽킹을 한다면 반드시 위기를 딛고 일어서게 돼. 그게 웰씽킹의 힘이야."

"조금 어려워요."

"그러면 이렇게 생각하면 어떨까? 부자가 되려는, 혹은 꿈을 이루려는 긍정적 생각이 웰씽킹이라고 이해하면 될 거 같은데."

그제야 이나는 무슨 말인지 조금 알 것 같았다.

"그러면 엄마도 웰씽킹해요?"

"당연하지. 엄마가 운동하는 것도 바로 그런 이유란다."

엄마의 대답을 들으며 이나는 생각이 많아졌다. 책을 읽기 어렵다는 생각에 조바심을 냈는데 이제는 그러면 안 될 것 같았다. 고기 한 점을 다시 입에 넣으며 생각했다. 스타가 되기 위한 첫 번째 관문인 책 열 권 읽기를 해내려면 어떻게 해야 할까. 이나는 고민하기 시작했다.

웰씽킹

도움말 기회는 준비된 사람에게만 찾아온다는 말이 있어요. 누가 준비된 사람일까요? 꿈을 이루기 위해 실천하는 사람이겠죠. 웰씽킹은 바로 준비된 사람들이 가지는 태도를 말해요. 미래의 자기 모습을 상상이나 꿈으로 남기는 게 아니라, 현실로 만들려는 긍정적 생각이라고 보면 돼요. 목표를 향해 매진하면서도, '나는 안 돼'가 아니라 '나는 할 수 있어'라고 생각하는 사람이죠.

★ 웰씽킹이라는 말은 몰라도 꿈을 이루기 위해 노력해본 적이 있나요? 거창하지 않아도 돼요. 예를 들어 혼자 잠을 잘 때 무서움을 극복하기 위해 노력한 것들을 적어도 돼요.

★ 여러분이 미래에 되고 싶은 모습을 그려봐요. 그 꿈을 실천할 방법도 함께 적어봐요. 공부를 열심히 하는 것일 수도 있어요. 책을 많이 읽어야 한다면 그냥 책을 많이 읽을지, 책 내용을 기록으로 남길지 등을 결정해야 해요. 자, 그럼 어떻게 할지 한번 정리해서 써볼까요?

먼저 말 걸기

　이나는 공부방에서 문제를 풀었다. 수학 문제 하나가 꽤 어려워 손에 쥔 연필을 내려놓았다. 풀이가 잘못된 것 같아 지우개로 지우고는 다시 연필을 쥐고 공식을 떠올리며 숫자를 적었다. 그러다 힐끗 주변을 둘러봤다. 가족여행을 간 하랑이는 보이지 않았다. 그 대신 혜미가 눈에 들어왔다. 건너편에 앉은 혜미는 딴청을 부리지도 않고 문제를 푸는 데 집중한 것처럼 보였다. 그런데 연필을 잡은 혜미의 손이 움직이지 않고 있었다. 문제집을 노려보는 걸로 보아 아마 문제가 잘 풀리지 않는 모양이었다.
　이나는 혜미가 언제부턴가 무엇이든 열심히 하기 시작했다는 걸 어렴풋이 느끼기는 했다. 하지만 그 노력이 대단한 것임을 실제 깨

닿게 된 건 책을 읽기 시작하면서부터였다. 이나는 책을 읽는 게 여전히 어려웠다. 소리 내어 읽기 시작하면서 조금 나아졌지만, 하루 다섯 페이지를 넘기기가 어려웠다. 하지만 혜미는 그래 보이지 않았다. 적어도 혜미가 《습관 부자 재영이》를 읽은 게 맞았다면 말이다.

"이나는 왜 가만히 있어?"

"문제가 어려워서 풀지 못하겠어요."

"그래? 어디 보자."

선생님은 이나 옆으로 오더니 풀지 못하는 문제를 들여다봤다.

"이나야, 이건 말야."

선생님이 하나씩 설명했다. 이나는 선생님이 말한 대로 풀이를 적어나갔다. 어려웠던 문제가 조금씩 풀리기 시작했다. 이나는 책 읽는 법도 누군가 옆에서 차근차근 설명해주면 좋겠다고 생각했다. 하지만 엄마는 논술 학원과 독서 교실의 도움을 받아서는 안 된다고 했다. 문득 엄마가 왜 그런 조건을 걸었는지 궁금했다. 처음에는 이나도 책 열 권 읽는 걸 대수롭지 않게 여긴 까닭에 엄마의 조건에 대해 깊이 생각하지 않았다. 하지만 지금은 다르다. 도움이 간절했다. 소리 내어 읽는 것만으로는 여전히 책 한 권을 읽는 게 벅찼다.

"자, 여러분. 오늘 수업은 여기까지예요."

수업을 마치는 선생님 말씀에 이나는 연필을 필통에 담았다. 문제집과 필통을 정리해 가방에 넣으면서 계속 혜미를 힐끗거렸다.

"우리 내일 봐요."

"안녕히 계세요."

아이들이 하나둘 일어나면서 인사를 했다. 앞에서 혜미가 "안녕히 계세요."라고 인사를 하며 문을 나가고 있었다. 이나도 선생님에게 인사하고 얼른 혜미 뒤를 따라나섰다. 교실 밖에 서준이가 서 있는 것이 보였다. 서준이는 혜미와 같이 가고 싶은 눈치였지만 차마 따라가지 못하는 듯했다. 아이들 사이에 떠도는 소문에는 서준이의 고백을 혜미가 거절했다고 했다. '이유가 뭘까? 서준이는 엄청나게 잘생겼는데….' 서준이가 멋있어 보이는 이나로서는 혜미가 거절한 것이 이상했다.

이나는 더 빨리 걸었다. 공부방 주변을 조금씩 벗어나는 동안 계속 혜미 뒤를 쫓아 걸었다. 어느덧 떡볶이집을 지나쳐 횡단보도를 건넜다.

"윤혜미!"

이나의 부름에 혜미가 걸음을 멈추고 뒤를 돌아봤다. 이나는 혜미 가까이 걸어갔다. 막상 혜미를 부르긴 했지만 이나는 상당히 껄끄러웠다. 사실 지난번 시험을 보고 난 후 떡볶이집에서 있었던 일과 루미 크리에이터 라이브 방송 톡 때문에 혜미와 대화를 하지 못하고 있었다. 이나는 그게 매일 신경이 쓰였다. 진심이 담긴 사과는 아니지만, 어쨌든 이나는 혜미에게 사과를 했다. 하지만 역시 진심이 아니어서 그런지, 아니면 서준이 때문이었는지, 혜미와 말하기가 싫었다. 일단 자신은 사과했고, 그 사과를 받아들이지 않은 건 혜미였기에 서로 서먹해진 건 모두 혜미 탓이라고 생각했다.

하지만 지금은 그걸 따질 겨를이 없었다. 아빠가 말씀하신 웰씽킹 때문이다. 아빠는 꿈에 다가설 수 있는 긍정적 생각을 하려면 목표를 향해 끊임없이 노력할 수밖에 없다고 말씀하셨다. 이나도 그랬다. 스타가 되려면 얼른 연기 학원부터 다녀야 한다. 그러려면 엄마가 말한 대로 책 열 권을 잘 읽고 독후감을 써야만 한다. 어쩌면 혜

미가 그 방법을 잘 알고 있을지 모른다는 생각이 들었다. 《습관 부자 재영이》라는 책을 살 정도면, 분명 이나와는 달리 책을 읽는 데 어려움을 느끼지 않을 터였다. 우선 자존심을 죽여야 했다.

"왜?"

"요즘 우리 서먹한 거 같아서."

"그거야 네가 나를 싫어해서 그런 거지."

이나는 뜨끔했다. 사실이기는 하지만, 혜미가 직설적으로 말할 줄 몰랐다.

"내게 기분 나쁜 건 아니고?"

"나를 싫어하는데, 내가 굳이 기분 좋을 일은 없잖아."

'다시 사과해야 하나?'

하지만 이나는 그러고 싶진 않았다.

"궁금한 게 있어."

"말해."

"서준이 고백을 왜 받아주지 않았어?"

이나는 입술을 깨물었다. 그걸 물어볼 게 아닌데, 그 말이 자신도 모르게 먼저 튀어나왔다. 아무래도 이나는 책 읽는 방법보다 그것이 더 궁금했던 모양이다.

"그냥."

"그냥이라고?"

"서준이가 고백하면 내가 받아줘야 하는 거야?"

이나는 혜미의 대답을 들었던 것 같았다. 그랬다. 지난번 루미 크리에이터 라이브 방송 톡에 답하지 않은 것을 따지러 갔을 때, 혜미는 전날 톡으로 미안하다는 이나의 사과를 확인하고는 "네가 사과하면 무조건 받아줘야 해?"라고 답했다.

'혜미는 생각이 많은 걸까? 너무 깊게 생각하다 보면 사과와 고백도 고민해야 하는 걸까? 그냥 받아주지 않았다니, 무슨 생각으로 그러는 걸까?'

"그건 아니지만…."

"그거 물어보려고 한 거야?"

"어? 어."

"그래. 그럼 나 간다."

혜미는 뒤돌아서 다시 걸음을 옮겼다. 이나는 이대로 혜미를 보내면 물어볼 기회를 잃을지도 모른다고 생각했다.

"혜미야. 잠깐만."

다시 혜미가 걸음을 멈추고 이나를 돌아봤다.

"며칠 전에 서점에서 너를 봤어."

"나는 서점에 자주 가."

"그런 거 같았어."

"그런데?"

"네가 산 책이랑 똑같은 책을 샀는데…."

이나는 자존심 상한다는 말이 무슨 뜻인지 알 것 같았다. 같은 책을 샀는데도 자신은 읽지 못한다는 사실에 마치 열등생이 된 기분이었다. 공부를 못했어도 느끼지 못했던 감정이었다.

'혜미를 경쟁자로 여기는 걸까?'

이나는 얼른 고개를 저었다. 웰씽킹은 부정적 생각을 지우고 긍정적 마음을 먹는 것이라고 했다. 이나는 크게 호흡을 가다듬고 말했다.

"너무 어렵더라. 너는 그 책을 다 읽었어?"

혜미는 금방 대답하지 않았다. 이나를 빤히 들여다보더니 이내 한 걸음 가까이 다가왔다.

"자기계발서라서 어려웠을 거야."

혜미의 목소리가 부드러웠다. 조금 전과는 달랐다.

"내 지식이나 재능을 개발하는 방법을 알려주는 책들은 이야기책과 달라서 그냥 읽었다고 끝나는 게 아니거든. 그래서 쉽게 써줘도 어려운 책이야. 구구절절 옳은 말만 해서 잘 읽히지도 않아. 아마 너도 어려웠을지 몰라. 나도 겨우 읽었거든. 좋은 말은 메모지에 적어 둬서 책상 앞에 붙여놨어."

혜미의 설명에 이나는 조금 안심이 됐다. 그러면서 동화책이 아니라 왜 자기계발서를 읽는지 궁금했다.

"자기계발서 책을 읽어야 하는 이유가 있어?"

"엄마가 그러는데, 아역 배우가 나이가 들어 할머니 배우가 되는 일은 거의 없대. 배우는 화려해 보여도 그만큼 어려운 일이라고 하더라고. 그런데 나는 정말 천생 배우라는 말을 듣고 싶어. 그 말을 엄마에게 했더니 자기계발서를 좀 읽으면 도움이 될 거라고 하더라고. 성공한 사람들을 스승으로 삼아 실천 방법을 배우고 내 것으로 만들면 반드시 내 꿈대로 될 거라고 말씀하셨어."

이나는 혜미의 말을 잠자코 들었다. 혜미도 계속 이어서 말했다.

"만만찮은 일인데, 엄마가 성공한 사람 열 명의 습관과 생각을 배우고 실천해보라고 조언해줬어. 물론 어렵겠지만, 나는 어린이니까 불가능할 거 같지도 않았지."

"열 명 찾는 게 더 어렵겠다."

"그러니까, 그래서 책을 보는 거야. 자기계발서에도 성공한 사람이 나오지만, 위인전에도 나오거든. 심지어는 동화에서도 모험을 성공적으로 마친 주인공이 나와. 그 이야기를 통해 배우는 거지."

이나는 혜미가 조금은 대단해 보였다. 어쩌다 운이 좋아 배우가 된 줄 알았지만, 좀 더 좋은 배우가 되려고 저 나름대로 노력하는 것처럼 느껴졌다.

"아, 참! 책을 다 읽는 데 오래 걸렸어?"

"하루 만에 다 읽었는데."

'하루 만에 다 읽었으면서, 읽는 데 어려웠다고? 지금 장난해?'

하마터면 이나는 속으로 생각한 말을 내뱉을 뻔했다. 이나는 얼굴이 일그러졌다. 혜미가 또 잘난 척하는 기분이 들었다. 하지만 참았다.

"넌 어떻게 하루 만에 읽을 수 있었는데? 어려웠다며."

"오픈 카톡으로 하는 독서토론 모임이 있어. 2주일에 책 한 권씩 읽고 이야기하는 모임이야. 그 모임에 참석하려면 읽기 싫어도 참아야 하거든."

"그런 걸 왜 해?"

"어?"

결국 이나의 속마음이 나와버렸다. 재미없는 책 읽기 모임을 왜 하는지 알 수 없었다. 만약 엄마가 내건 조건이 아니라면 이나는 절대 책을 읽었을 리 없었다.

"책 읽는 게 재미없잖아. 그래서 묻는 거야."

"아아. 그게 이나야, 처음에는 재미없는데, 책도 읽다 보면 책 나름의 재미가 있어. 그건 웹툰이나 유튜브와는 다른 재미야. 생각도 많이 하게 도와주거든. 친구들과는 그런 이야기를 나누기가 어려운데, 오픈 카톡에서는 나하고 비슷한 친구들을 만나서 이야기하니까 즐거워."

"그렇구나."

"그런데 왜 내게 그 책에 대해 묻는 거야?"

"내가 책을 좀 읽어야 하는 상황이거든. 그런데 책 읽기가 어려워서 너는 어떻게 읽는지 궁금해서."

혜미는 이나의 말을 듣더니 잠시 생각에 잠기는 듯했다. 하지만 그 시간은 오래 걸리지 않았다.

"너도 오픈 카톡방에 들어올래?"

이나는 깊이 생각하지 않았다. 어쩌면 자신이 책을 하루에 다섯 페이지도 읽기 어려워하는 걸 말하지 않아도 책 읽는 방법을 알 수 있을 듯싶었다. 그리고 같은 책에 관해 여러 사람과 대화를 나누다 보면 감상문 쓰기도 쉬워질 것 같았다. 물론 인터넷에서 떠도는 감

상문을 베껴 쓸 수 있지만, 아무리 책 보기를 돌 보듯 하는 이나라도 그건 자존심이 허락하지 않았다. 엄마를 속이는 일 따위를 하고 싶지 않았다. 자칫 엄마에게 들켜 엄마를 실망시키면 정말 자신이 부끄러울 것 같았다. 자신의 성적이 좋지 않아도 엄마가 그대로 받아주신 건 거짓말하지 말라는 뜻임을 이나도 잘 알고 있었다.

"그래도 돼?"

"응"

혜미의 대답을 들으면서 이나는 문득 두 사람 사이에 서먹함이 사라지고 있음을 느꼈다. 혜미가 드디어 이나의 사과를 받아준 듯했다.

열 명의 사람을 스승으로 삼다

💗 도움말 '무언가를 하고 싶다', '어떤 사람이 되고 싶다', '어떤 직업을 갖고 싶다' 등등의 생각을 할 때 여러분은 무엇부터 시작하나요? 대부분 어디서부터 어떻게 실천해야 할지 모를 거예요. 어떻게 준비해야 하는지도 생각해본 적이 거의 없을 테죠. 어쩌면 여러분은 아직 어려서 할 수 있는 게 없다고 대답할지 몰라요. 하지만 의외로 준비할 수 있는 게 많아요. 열 명의 사람을 스승으로 삼아 그들의 성공 방법을 배운다면 크게 도움이 될 거예요.

★ 열 명의 스승을 어떻게 찾을까요? 아주 간단하고 쉬운 방법이 있어요. 책을 보면 돼요. 위인전도 좋고 동화책도 괜찮아요. 책에는 여러분에게 가르침을 줄 스승이 있을 거예요. 하지만 읽는 것으로 끝나면 안 돼요. 그들의 좋은 습관을 내 것으로 만들겠다는 다짐이 필요해요. 준비됐나요? 우선 책 한 권을 선택하고 읽어봐요. 그리고 스승을 찾아보세요. 여러분이 찾은 스승은 누구인가요? 그에겐 어떤 좋은 점이 있나요? 한번 적어보세요.

★ 스승과 그의 장점을 정리했다면 이번에는 스승처럼 생각하고 실천해보는 연습을 해볼까요? 친구와 다툴 때, 엄마의 잔소리를 들을 때, 한번 떠올려보고 따라 행동해봐요. 매일 실천할 일들도 정리해보세요. 예를 들어 오늘은 친구들에게 열 번 웃어주기, 엄마와 친구들의 부탁을 무조건 들어주기 등등 매일매일 실천하는 습관 계획을 세워보고 실제로 실천해봐요.

∙ ∙ ▶

....

....

....

"들어와."

혜미가 현관문을 열며 말했다.

이나는 입구로 들어서는 순간, 눈이 휘둥그레졌다. 새 아파트로 이사했다는 말만 들었는데 직접 보니 아파트는 자신이 사는 빌라하고는 전혀 달랐다. 배우는 정말 돈을 많이 번다는 생각이 들었다. 아역 배우가 된 이후, 이사를 했으니 그 소문이 맞을 터였다.

"엄마는 집에 안 계셔. 하지만 너희들이 온다는 걸 아시고 간식을 준비해주셨어."

이나는 고개를 끄덕이며 거실로 들어섰다. 거기에는 낯선 친구 세 명이 있었다. 모두 여자아이들이었다. 독서토론을 하는 단톡방 친구들이라고 했다. 혜미는 어쩌다 보니 친하다고 생각하는 친구만 초대한 것 같다며 친구들에게 설명했다. 혜미의 말을 들으며 이나는 '내가 혜미에게 절친인가?'라고 생각했다. 한동안 서먹했던 일들이 떠올랐다. 어쩌면 혜미는 이나의 사과를 제대로 받지 않았는지도 모른다. 사과를 받겠다는 말도 하지 않았다. 루미 크리에이터 라이브 방송 톡을 보고도 답하지 않은 혜미도 이나에게 자초지종을 듣지 못했다. 하지만 이나는 묻지 않았다. 무엇보다 분위기가 잘 흘러가는데, 괜히 되물어 어색해지기 싫었다. 지금은 독서토론 모임에 참여해 책을 제대로 읽는 법을 알아내는 것이 중요했다.

"안녕!"

노란 셔츠를 입은 아이가 이나를 보며 인사했다. 그 아이는 상은이라고 했다. 사실 오늘의 만남은 이나의 제안으로 이뤄진 것이었다. 이나는 자신이 단톡방 친구들을 모르니 얼굴을 먼저 보면서 친해지는 게 어떻겠냐고 혜미에게 말했다.

단톡방 친구들은 근처 동네에 사는 친구들이었다. 혜미가 다녔던 학원 친구이거나 엄마 친구 딸이라고 했다. 혜미는 집에 오기 전 이나에게 자신이 친구들과 이야기하다가 서로 책 읽기를 좋아하는 것을 알게 돼 독서토론을 시작하게 됐다고 알려줬다.

"안녕. 나는 김이나야."

이나가 자신을 소개하자 다른 친구들은 만나서 반갑다고 인사를

하며 서로 자기소개를 했다.

독서토론 친구들과 인사를 마치고 거실에 앉아 있으니 혜미가 케이크와 주스를 가져왔다. 아이들은 거실 테이블에 둘러앉아 이런저런 이야기를 시작했다. 이나는 처음에는 조금 뻘쭘했지만 점점 분위기에 익숙해졌다. 낯설던 감정도 사라지면서 다른 친구들의 말에 귀를 기울일 수 있었다.

대화는 평범했다. 처음에는 자기가 좋아하는 아이돌 이야기가 중심 화제였다. 이나는 독서토론을 하는 모임이라서 책에 대해서만 이야기할까 봐 긴장하기도 했지만 좀처럼 책에 대한 이야기는 들을 수 없었다. 아이들은 좋아하는 아이돌의 콘서트에 갈 방법을 찾기 위해 머리를 맞대기도 했다. 아직 어리다고 엄마가 보내주지 않는다는 친구도 있었고, 엄마가 같이 티케팅해서 함께 다녀왔다는 친구도 있었다. 그러다가 자연스럽게 혜미가 촬영 현장에서 만난 아이돌 배우 이야기로 관심이 집중됐다.

"클락 오빠는 그대로야. 촬영 현장에서도 노래 부를 때와 똑같아."

클락 오빠는 아이돌 해피소년단 중 한 명이었다. 이나도 클락 오빠를 좋아하고 있던 터라 혜미의 말에 귀를 쫑긋 세웠다.

"아 참, 너 오디션 준비한다며?"

노란 셔츠를 입은 친구가 혜미에게 물었다.

"맞아. 경쟁률이 엄청날 것 같아. 아역 비중이 높아서 유명한 아역 배우들 모두 오디션을 보러 올 거 같아."

"그래도 네가 될 거야. 나는 네가 우리나라 아역 배우 중에 가장 톱이라고 생각하거든."

미유라는 아이가 말했다. 미유는 파마를 했는지 곱슬곱슬한 머리가 꽤 예뻤다. 혜미는 미유의 말에 고맙다며 미소를 지었다.

"그러지 말고 너희가 나 오디션 볼 연기 좀 봐줄래?"

"좋아."

눈이 아주 큰 진서라는 아이가 대답하자 모두 이구동성으로 좋다고 대답했다. 혜미는 방으로 가서 무언가를 가져오더니 거실 테이블 위에 내려놓았다. 한눈에 봐도 대본이었다. 그런데 출력한 대본의 형태가 좀 이상했다. 왼쪽은 대본이었고, 오른쪽은 그냥 하얀 백지였다. 그리고 대본에 각각 다른 형광펜으로 줄이 그어져 있었고, 백지에는 이런저런 글들이 적혀 있었다.

"대본은 원래 이렇게 출력하는 거야?"

이나가 혜미에게 물었다.

"꼭 그런 건 아니야. 하지만 대본을 보다 보니 이렇게 출력하는 게 가장 좋더라고."

"왜? 네 역할 대사만 암기하면 되는 거 아니야?"

이나는 궁금증을 참지 못해 바로 되물었다.

"아니야. 대사 하나하나에도 상황에 맞는 감정이 있어야 해. 그러려면 전체 대본에 적힌 이야기의 줄거리가 무엇인지 알아야 하고, 내가 전체 이야기 중 이번 장면에서 어떤 상황을 맞이하면서 감정이 어떻게 달라지는지도 이해해야만 연기를 잘할 수 있어."

이나는 혜미의 설명에 머리카락이 쭈뼛 서는 느낌이었다. 책 한 권을 읽어내기도 힘든데, 이야기 속에 등장하는 등장인물의 감정도 모두 파악해야 한다는 말은 예상치 못했다. 대본을 완벽히 자기 것으로 만들어야만 가능한 일이라니 이나는 혜미가 좀 대단해 보였다.

"그럼 각각 줄을 그은 색깔은 뭘 의미하는 거야?"

눈이 큰 친구가 손가락으로 대본을 짚으며 물었다.

"파란색은 내 대사야. 노란색은 드라마 속 내 가족들의 이야기이고. 보라색은 주인공의 대사야. 전체적으로 대본을 다 읽고 색깔별로 대사를 다시 읽어보면서 감정이 어떻게 흘러가는지 이해해야 하거든. 그리고 백지에는 그 생각을 정리해보는 거지. 또 그 감정이 앞에 벌어진 사건과 어떻게 연결되는지도 핵심을 추려서 정리해보는 거고."

"정말 대단하다. 책 한 권 읽고 우리끼리 생각을 나누는 것도 쉬운 게 아닌데."

상은이라는 아이가 말하자 이나는 옆에서 고개를 끄덕였다. 정말 혜미가 달리 보였다. 《습관 부자 재영이》를 읽는 혜미를 그냥 책 좀 많이 본 아이 정도로만 치부했지만 그 정도가 아니었다.

"나도 쉽지 않았어. 처음에는 책을 읽는 것도 얼마나 어려웠는데."
"정말?"

진서라는 아이가 믿지 못하겠다는 얼굴을 하며 되물었다.

"그럼. 그래서 처음에는 책을 여러 번 읽었어. 처음에는 우선 끝까지 읽고, 두 번째는 한 단원씩 읽고, 나중에 이야기의 요점만 정리했지. 세 번째 읽을 때는 이야기가 모두 머릿속에 들어가 있으니까 편하게 읽게 돼. 그 대신 등장하는 인물의 마음에 대해서 생각하면서 읽었어. 그러니까 점점 책 읽는 게 재밌더라."

이나는 혜미 정도면 그냥 책을 읽어도 되겠다고 생각했다. 굳이 독서토론 단톡방을 만들 이유 따위는 없어 보였다. 그런데도 혜미가 단톡방을 만든 데는 저 나름의 이유가 있을 듯했다.

"그런데 왜 단톡방을 만들었어?"

"《습관 부자 재영이》같은 자기계발서도 여러 번 읽어보니까 진짜 성공을 거두는 사람들은 기꺼이 자신의 성공 방법을 주변 사람들에게 나누어 주는 거라고 했어. 물론 내가 진짜 성공을 거둔 건 아니지만, 적어도 책이 주는 기쁨을 아는 것만은 확실한 것 같아. 그래서 책을 읽고 싶어 하는 친구들이나 책에 관해 이야기하고 싶은 친구들에게 내 방법을 공유하고 싶었어. 그래서 단톡방을 만든 거야."

혜미는 이번에도 잘난 체했다. 하지만 이나는 혜미가 잘난 척하는 것처럼 느껴지지 않았다. 오히려 대단하게 보였다.

'나도 무언가를 잘하게 되면 주변에 나누려는 마음이 생길 수 있는 것일까?'

이나는 친구들보다 잘하는 무언가를 하나도 가진 게 없었다. 그래서 혜미의 말이 완벽하게 와닿진 않았지만 적어도 누군가에게 자신이 가진 재능을 나누는 것이 귀찮은 일이라는 것쯤은 알고 있었다.

"이제 대본 이야기는 그만하고 내 연기 봐줄래?"

"어? 어."

다른 아이들도 정신이 조금 나간 모양이었다. 이나도 혜미의 말에 빠져 있었다. 혜미가 공부를 잘할 수밖에 없는 이유도 이제야 알 것 같았다.

"그럼 시작할게."

혜미는 호흡을 가다듬고는 고개를 옆으로 돌렸다. 감정을 잡는 듯했다. 그러고는 아이들을 향해 얼굴을 돌렸다. 혜미의 눈에는 이미 눈물이 고여 있었다.

"엄마는 엄마 인생만 중요하지? 그럼 나는? 엄마가 다른 남자하고 결혼하면 나는 어떻게 하라고? 나는 고아가 되는 거야? 고아가 되는 거냐고? 세상천지에 자식보다 자기를 더 생각하는 엄마가 어딨어?"

혜미는 길고 긴 대사를 막힘없이 읊었다. 눈에는 그렁그렁 눈물이 가득한데 한 방울도 흘리지 않았다. 목소리도 떨리고 있었다. 또박또박 말하는 가운데서도 강약이 느껴졌다. 호흡은 거칠다가 멈추기를 반복하면서 그 사이에 한숨도 흘러나왔다.

이나는 혜미가 연기하는 모습에 그저 감탄할 수밖에 없었다. 드라마를 볼 때는 그냥 드라마라고만 생각해서 연기에 대해 깊게 생각해본 적이 없었다. 하지만 함께 연기하는 상대 배우도 없고, 대사를 받아주는 사람도 없는 상황에서 혜미는 마치 자신이 촬영 현장에 있는 것처럼 대사를 읊고 감정을 표현했다.

이나는 혜미를 인정해야만 했다. 혜미는 잘난 체한 게 아니었다. 그냥 그대로 멋진 친구였다. 이나는 자신이 혜미의 진짜 모습을 몰랐다는 것을 깨달았다. 그동안 이나는 혜미를 오해하고 있었던 것이다.

진정한 성공을 거둔 사람들은 어떤 모습일까?

🩷 도움말 성공이란 무엇일까요? 부자가 되는 걸까요? 꿈을 이루는 걸까요? 아니면 둘 다일까요? 딱 부러지게 말하기 어려워요. 성공의 기준이 사람마다 다르기 때문이죠. 하지만 확실한 기준이 있어요. 나의 성공이 다른 이들에게 선한 영향력을 미친다는 점이죠. 어쩌면 성공은 결국 나의 목표에 도달하는 것이지만, 그 결과로 사회적 공헌을 실천하면서 인격적으로 완성돼야 비로소 진짜 성공이 아닐까요?

★ 역사적인 위인이라고 일컬어지는 사람들을 몇 명 선택해 그들이 행한 사회적 공헌을 정리해봐요.

▶

★ 지금부터는 상상의 나래를 펼쳐볼게요. 여러분이 성공한다면 어떤 사회적 공헌을 하고 싶은가요? 자신이 사회적 공헌을 위해 실천할 수 있는 방법을 적어봐요. 여러분의 사회적 공헌으로 세상이 어떻게 바뀌면 좋겠다고 생각하나요?

▶

책 열 권의 의미

집으로 돌아가는 내내 이나는 생각이 많아졌다. 혜미의 다른 면에 놀라기도 하고 그동안 질투한 게 미안하기도 했다. 혜미는 모든 걸 우연히 행운으로 얻은 게 아니었다. 무엇보다 이나는 책을 정말 제대로 읽어야 한다는 걸 깨달았다. 지금도 색색의 형광펜으로 대사에 그은 줄이 선명하게 보이는 듯했다. 오른쪽 백지에 적어둔 혜미의 생각들이 떠오르면서 스타가 되겠다는 이나의 다짐이 무색하게 느껴질 정도였다.

솔직히 말해 이나는 연기 학원만 다니면 모두 배우가 되는 줄 알았다. 연기 학원 광고에 나오는 모델들은 지금 드라마나 영화에 출연하는 아이들이었다. 하지만 혜미는 여전히 오디션을 준비하고 있었다. 준비 과정도 대본을 외우는 수준이 아니라 깊은 이야기를 모두 이해하고 등장인물을 분석하는 수준이었다.

"엄마야."

누군가 팔을 잡는 바람에 이나는 놀라서 소리를 쳤다.

"그래, 엄마야."

뒤돌아보니 엄마였다.

"무슨 생각 하고 있었기에 엄마가 불러도 듣지 못하는 거야?"

"스타가 됐을 때 모습을 상상하고 있었어요."

이나는 거짓말했다. 그러고는 엄마 팔짱을 끼며 화제를 돌렸다.

"엄마는 어디에서 오시는 거예요?"

"주민센터에서 온라인 홍보 영상 수업이 있었거든. 그 강의 듣고 오는 중이야."

엄마는 5년 이내에 부자가 될 거라고 말했는데 정말로 차근차근 준비하는 모양이었다. 이유식 배달도 이미 시작하신 데다 저녁 늦게 꽤 많은 배달기사 아저씨를 불러 배달도 하는 걸 보면 점점 이유식을 주문하는 사람이 많아지는 듯했다.

"재미있으셨어요?"

"그럼. 영상 편집 수업도 있어서 그것도 배우려고. 요즘에는 직접 영상을 찍어서 보여주는 게 좋은 거 같아."

"요즘에는 대부분 영상을 보잖아요. 아마 글을 읽는 사람은 없을

걸요."

"꼭 그런 건 아니지만 그래도 영상을 보는 사람이 많아진 건 맞아. 그렇지만 글도 중요하긴 해. 영상을 찍으려면 어떻게 찍어야 할지 무슨 말을 해야 할지 모두 글로 정리해야 하거든. 영상은 영상으로만 존재하는 게 아니라 그 안에 글도 포함됐다고 볼 수 있단다."

이나는 자신의 생각이 또 짧았다는 걸 느꼈다. 혜미는 대사로 말하고 행동하지만 혜미의 대본은 온통 글이었다.

'엄마가 책 열 권을 읽고 감상문을 쓰면 연기 학원을 보내주겠다고 한 것도 이런 모든 걸 다 알고 말한 걸까? 책 열 권을 읽고 나면 좀 더 인내심을 가지고 글을 읽을 수 있을까? 그보다 먼저 열 권이나 되는 책을 읽을 수는 있을까?'

문득 이나의 머릿속에서는 물음이 끊임없이 이어졌다.

그러나 책 열 권을 읽어내야 한다는 이유는 확실히 알았다. 감상문을 써보라고 한 엄마의 의도도 이해했다. 적어도 책을 읽고 감상문을 쓸 정도가 돼야 혜미가 보던 두꺼운 대본을 읽고 분석할 용기라도 내볼 수 있겠다는 생각이 들었다. 물론 책 열 권을 읽었다고 대본을 바로 분석하지는 못할 테지만 더는 글을 읽는 게 답답하거나 어려운 일은 아닐 거라고 확신했다.

"아, 참. 너 혜미네 집에서 놀다 온다고 하지 않았어?"

"맞아요. 혜미가 오디션 볼 연기를 보여주는데 정말 잘하더라고요. 우리 앞에서도 눈물이 그렁그렁했어요."

"혜미 엄마가 그러는데 정말 열심히 노력한다고 하더라. 아역 배우가 되고서부터는 뭐든지 열심히 하려고 한다면서 조금은 안쓰럽다고 하더라고."

"그래서 부러웠어요?"

"아니. 나는 열심히 하지 않아도, 우리 딸 그대로가 좋은걸? 다만 엄마는 이나가 꿈을 가졌으면 좋겠다고 생각해. 혜미를 부러워하지 말고 네가 하고픈 걸 했으면 좋겠어."

이나는 또 한 번 엄마에게 혀를 내둘렀다. 엄마는 이나의 마음을 꿰뚫고 있었다.

"혜미 따라 하는 거 아니에요."

솔직한 마음이었다. 혜미를 질투한 것은 사실이다. 혜미가 잘난 척한다고 생각했기 때문에 이나도 그쯤은 해낼 수 있다고 생각했다. 그걸 보여주고 싶어서 연기 학원 보내달라고 한 것도 사실이다. 하지만 이나는 예전부터 배우가 되고 싶었다. 스타 배우로 성장해 부자가 되고 싶었다. 자기가 하고픈 일을 하며 부자가 된다는 게 멋져 보였기 때문이다. 그리고 자기가 하고픈 일을 하며 부자가 된 사람을 주변에서는 보지 못했다. 배우를 제외하고서는 쉽게 찾기 어려웠다.

"그러니? 그러면 배우가 되고 싶은 거야?"

"스타 배우가 되고 싶어요."

혜미는 또박또박 대답하며 자신의 의지를 드러냈다.

"어떤 스타 배우가 되고 싶은데?"

엄마가 다시 묻자 이나는 대답할 수가 없었다. 어떤 스타 배우가 될 것인지를 한 번도 생각하지 못했기 때문이다. 집 앞에 다다라서 다행이었다. 엄마의 물음에 답을 하지 않은 채 이나는 현관문 비밀번호를 눌렀다.

집으로 들어서자 이나는 제 방으로 들어가서는 엄마의 말을 다시 되새김질했다. '어떤 스타 배우가 돼야 하는 걸까?' 아무리 생각해도 떠오르지 않았다. '혜미는 혹시 생각해둔 게 있을까?' 이나는 휴대전화를 찾았다. 톡 앱을 열어 혜미에게 톡을 보냈다.

> 나 궁금한 게 있는데, 물어봐도 돼?

혜미
> 어차피 물어볼 거면서. 말해.

> 너는 스타가 되고픈 거야? 배우가 되고픈 거야?

혜미
> 당연히 배우지.

혜미는 자신과 달랐다. 이나는 배우보다는 스타가 되고 싶은 마음이 더 강했다.

> 어떤 배우가 되고 싶은지 생각해둔 게 있어?

혜미
> 솔직하면서 탁월한 배우가 되고 싶어.
> 그러면서도 배우라는 틀에 갇히지 않고 자유로우면서 불의를 보면 앞장서서 말할 수 있는 배우가 되고 싶어.
> 아마도 그러려면 대배우가 돼야겠지.

  이나는 입이 떡 벌어졌다. 혜미의 대본을 보면서 우선 놀랐고, 대본대로 연기하는 걸 보면서 또 한 번 놀랐다. 그리고 지금 막힘없이 제 생각을 말하는 혜미에게 세 번째 놀라는 중이었다. 혜미가 단순히 공부방에서 공부를 열심히 하는 아이로 변한 것만은 아니었다. 이나가 모르는 사이 혜미는 너무나 달라져 있었다. 이나는 그걸 모르고 있었던 셈이다. 어쩌면 너무나 달라져 잘난 척하는 듯 보인 것일 수도 있었다. 이나가 가지지 못하는 걸 혜미가 가진 거니까.

혜미
> 그런데 왜 그걸 물어?

> 그냥. 오늘 네가 연기를 너무 잘해서 궁금해졌어.

혜미
> 그거 칭찬이지?

이나는 혜미가 너무 대단해 보인 나머지 제 마음을 자신도 모르게 말한 것을 들킨 듯했다.

혜미
네가 나를 칭찬하는 거 5학년 되고 처음이야.

혜미가 보낸 톡을 보면서 이나는 또 한 번 반성했다. 혜미를 오해하고 상처 입힌 말들이 떠올라 미안했다. 진심으로 사과를 하는 게 맞았다. 특히 떡볶이집에서 했던 말은 미안하다고 마음을 담아 직접 말하는 게 옳았다. 하지만 지금까지는 사과하는 것이 어색했다. 마음속에 자리 잡은 악마가 "혜미가 그냥 없던 일처럼 이야기하는데 굳이 들춰낼 필요 있어?"라고 속삭였다. 이나는 악마의 속삭임이 더 달콤했다.

툭탁툭탁! 뭔가 소리가 들렸다. 이나는 거실로 나왔다. 엄마가 부엌에서 휴대전화 거치대를 세우고 휴대전화를 만지고 있었다. 엄마를 유심히 보던 이나는 궁금증을 도저히 참지 못하고 식탁 의자에 앉아 엄마를 지켜봤다. 엄마는 이나를 보며 미소를 한 번 짓더니 하던 일을 계속했다.

엄마는 이유식을 만들고 있었다. 소고기를 꺼내 믹서에 갈고 야채를 잘게 썰었다. 단호박은 전자레인지에 쪘다. 흰쌀도 믹서에 갈았다. 그러고는 냄비에 모든 재료를 놓고 끓였다. 엄마는 계속 냄비 안을 저었다.

"팔 아프겠어요."

"그렇긴 하지만 아기들의 이유식을 건강하게 만든다는 자부심이 있어."

"엄마는 왜 부자가 되려고 해요? 어떤 부자가 되고 싶은 거예요?"

엄마가 이나에게 물었던 질문을 이나가 다시 엄마에게 했다. 이나는 어떤 스타 배우가 될 것인지에 대해 생각해본 적이 없지만 왠지 엄마는 어떤 부자가 될 것인지 생각해뒀을 것 같았다.

"엄마는 공동체가 건강해지는 일에 공헌하는 부자가 되고 싶어. 개인적으로 부자가 되는 과정에서 여러 성취감도 얻을 수 있을 거 같고."

"그런 걸 꼭 생각해야 해요?"

이나가 정말 궁금했던 이유였다. '그냥 스타 배우가 되면 좋은 거 아닌가?' 어떤 스타 배우가 돼야 할지 생각한다고 해서 반드시 그 방향으로 나아간다는 보장도 없으니까.

"그럼. 꼭 생각해야 해. 사람은 누구나 목표를 향해 가다 보면 헷갈리게 돼 있거든. 그리고 늘 선택해야 하는 상황도 만나게 돼. 예를 들어 엄마는 좀 더 싼 재료를 사면 이익을 더 많이 남길 수 있어. 눈속임해서 이유식 용량을 줄일 수도 있지. 돈을 더 벌기 위해서 이유식 배송 정기권 상품만 내놓을 수도 있어."

"그게 나쁜 건가요?"

"나쁘다고만 할 수는 없지. 하지만 엄마는 공동체가 건강해지는 데 공헌하는 부자가 되고 싶다고 했잖아. 공동체가 건강해지려면 엄마가 아기의 밥을 건강하게 덜 비싸게 먹일 수 있어야 해."

"직접 만들면 되잖아요."

"맞아. 하지만 재료를 아무리 적게 사도 이유식에 들어가는 양이 적어서 재료는 늘 남아. 그렇다고 그 재료를 모두 쓸 때까지 아기에게 똑같은 이유식도 먹일 수 없을 거고. 우리 이나도 일주일 내내 계란찜 먹으면 좋을 거 같아?"

이나가 좋아하는 계란찜이지만 엄마 말씀대로 일주일 내내 먹는다면 싫어질 것 같았다. 이나는 고개를 가로저었다.

"엄마가 생각하는 가치에 따라 재료를 선택하고 건강하게 만드는 거야. 매일 배송하려는 것도 그 때문이고. 가치는 실천하려는 결단력을 가지고 행동했을 때만 의미가 있는 거거든. 그리고 영상을 배우려는 것도 정말로 엄마가 신선한 재료를 사는지를 영상으로 찍어서 블로그에 올리려고 그러는 거야. 엄마가 생각한 가치를 실천하고 그 과정을 보여주는 거지. 그러면 이유식을 받는 엄마들이 더욱 안심하겠지."

엄마의 말씀을 듣고 나니 이나는 이해할 수 있었다. 하지만 어떤 스타 배우가 될 것인지를 정하는 일은 어려운 일이었다. '혜미에게 물어볼까?' 하지만 아직 혜미는 이나가 연기 학원을 다니려고 하는 걸 몰랐다. 무엇보다 이나는 소문내고 싶지 않았다. 마치 자신이 혜미를 따라 하는 것 같아 보이기 때문이다. 자신의 꿈이 여전히 혜미를 질투한 결과로 비치긴 싫었다. 적어도 꿈은 진짜였다.

"저도 고민해볼게요. 그리고 엄마가 책 열 권을 읽고 독후감을 쓰라고 했잖아요. 왜 그런지 이유를 조금 알 것 같아요. 엄마가 내준 숙제 열심히 해볼게요."

"다행이네. 혹시 이나가 계속 엄마를 오해하면 어떻게 할까 걱정했는데."

"그리고 엄마가 말한 가치에 대해서도 진지하게 생각해볼게요. 혜미는 벌써 그런 거 생각해뒀더라고."

"이나는 훌륭한 친구를 뒀구나. 우리 이나도 훌륭해지겠네."

"무슨 말씀이세요?"

"유유상종이라는 고사성어가 있어. 사람은 원래 비슷한 사람끼리 친구가 된다는 뜻이야. 혜미와 이나도 친구니까 닮아갈 거야."

'유유상종?'

이나는 정말 혜미처럼 될 수 있을지 자신할 수 없지만 유유상종이라는 단어가 마음에 들었다.

첫 번째 뿌리, 핵심 가치와 결단력

💗도움말 농부는 크고 단 열매를 얻기 위해 과일나무의 가지를 쳐냅니다. 그래야 영양분이 꽃에 더 많이 갈 수 있으니까요. 하지만 가지치기보다 중요한 게 있어요. 바로 과일나무가 뿌리를 잘 내려야 한다는 거예요. 바람에 휘둘리지 않기 위해서도 뿌리가 잘 내려야 하지만, 땅속 깊이 스며든 영양분과 수분을 잘 흡수하려면 든든한 뿌리가 필요해요. 꿈을 이루기 위해서도 이런 뿌리가 필요해요. 그중 첫 번째 뿌리는 핵심 가치와 결단력이에요. 목표를 향해 달려가는 도중에 만나는 장애물을 극복하기 위해 무언가를 결정해야 하는 갈림길에서 핵심 가치와 결단력은 큰 힘을 발휘한답니다.

★ 여러분은 어떤 가치를 가지고 있나요? 처음에는 조금 어려울 거예요. 세상에 존재하는 가치는 다양하니까요. 범위를 좁히면 생각하는 게 조금 쉬워질 거예요. 자신을 대표할 수 있는 가치 다섯 가지만 적어봐요.

▸

....

....

 첫 번째 독서토론 단톡을 시작했다. 이나는 긴장했다. 하필 혜미가 서점에서 골랐던 《습관 부자 재영이》가 오늘 토론의 주제였다. 지난번 혜미네 집에 갔을 때 혜미가 함께 읽고 실천해보는 게 어떻겠냐는 말에 아이들 모두 동의했다. 그때 이나는 살짝 당황했다. 자신은 아직 너무 어려웠기 때문이다. 그래도 독서토론 단톡방에 참여하겠다고 한 이상 어렵다고 말할 수 없었다.
 네 명의 친구는 거의 1년간 2주에 한 번씩 독서토론을 했다고 했다. 책은 함께 선택했는데 대부분 누군가 제안하면 동의하는 방식이라고 했다. 이나는 내키지 않았지만 자신이 참여하는 첫 번째 독서토론부터 싫다고 말할 수 없는 노릇이었다.

상은

> 안녕.

저녁 8시가 되자 단톡 알람이 울렸다. 이나는 단톡방에 있는 친구들의 이름을 저장했다. 이나는 엄마가 노트북을 빌려준 덕분에 자판을 두드리며 인사할 수 있었다. 휴대전화가 아니라 자판을 사용할 수 있으니 엄청 편했다.

> 안녕. 처음이라서 엄청나게 떨려.

혜미

> 긴장할 거 없어.

상은

> 맞아, 그냥 자유롭게 말하면 돼.

이나의 걱정을 덜어주려고 한 말이었지만 손에 땀이 배는 건 어쩔 수 없었다. 목도 마르는 것 같았다. 얼른 부엌으로 가서 물 한 컵을 가지고 돌아왔다. 다시 의자에 앉아 노트북 단톡방을 바라봤다. 그 사이 미유와 진서가 단톡방에 들어왔다.

혜미
> 오늘 독서토론은 책을 추천한 사람이 나니까 내가 진행할게.

혜미의 톡이 올라오자 모두 'ㅇㅇ'이라고 답했다. 독서토론의 규칙은 책을 추천하는 사람이 토론하는 날 토론장이 된다는 것 이외에는 없었다. 또 한 가지, '자신과 의견과 다르다고 욕을 하거나 빼지지 않기'도 있었다.

혜미
> 각자 돌아가면서 읽은 소감을 말해볼까?

미유
> 이 책은 우리가 이해할 수 있도록 쓴 책인 거 같아.
> 무엇보다 재영이가 습관을 만들어가는 과정이 어렵지 않아.
> 우리도 따라 할 수 있을 듯해.
> 나는 재영이의 습관 중 아침에 스스로 일어나기가 대단했어.
> 난 아직도 엄마가 깨워줘야 일어나거든.
> 그것도 너무 어려워하는데.

이나는 재영이가 아침에 스스로 일어나는 습관을 만들기 위해 어떻게 했는지를 떠올리려고 했다. 하지만 아무 생각도 나지 않았다. 다행히 곧이어 진서의 톡이 올라왔다.

진서
> 맞아. 재영이가 습관을 만드는 방법은 재미있었어.
> 솔직히 우리도 아침에 스스로 일어나야 하지만 그게 잘 안 되잖아.
> 재영이도 스스로 그걸 잘 알고 있어서
> 스스로 일어나기 연습을 7개월 동안 한 게 인상적이었어.

상은
> 맞아. 첫 달은 월요일에만 일찍 일어나고,
> 두 번째 달은 월요일과 화요일에 스스로
> 일어나는 식으로 말이야.

상은이의 말에 모두 동의의 표시를 했다.

혜미
> 하나의 습관을 들이기 위해서 단계별 계획을
> 세우는 게 인상적이었다는 말이지?
> 이번에는 누가 감상을 이야기할까? 이나가 해볼래?

이나는 심장이 빠르게 뛰었다. 무슨 이야기를 해야 할지 떠오르지 않았다. 내용도 제대로 모르는데 감상을 말할 수는 없었다.

> 제일 마지막에 하면 안 될까? 정말 떨려.

혜미
> 알았어. 그러면 다음 누가 말해볼래?

진서
> 난 재영이가 일기 쓰기를 스스로 해내는 것도 멋져 보였어.

상은
> 우리 모두 일기 쓰는 게 정말 귀찮은 거 알잖아.

미유
> 맞아, 맞아. 난 방학 때가 제일 귀찮아

진서
> 그런데 재영이가 일기 쓰는 방식이 너무 재미있지 않니?
> 쓸 말이 없을 때는 노잼이라고 쓴 것도 웃기고,
> 별일 없이 무사히 지나감이라고 한 문장만 쓴 것도 재미있었어.

혜미
> 이 부분은 정말 우리가 배울 만하다고 생각해.
> 일기를 쓰는 것도 귀찮지만,
> 오늘 하루 무슨 일이 있었나 생각하는 게 더 귀찮잖아.
> 그럴 때 솔직히 쓰는 것도 좋은 거 같아.
> 대신 매일 일기장에 무언가를 남기다 보면
> 일기 쓰는 게 습관이 될 거 같아.

이나는 단톡방의 톡이 빠르게 올라오는 걸 보면서 독서토론이 어렵지는 않겠다는 생각이 들었다. 공감하는 부분을 이야기하고 자신의 생각을 밝히면 된다고 생각하니 조금 마음이 편해졌다. 다만 한 가지 문제라면 자신은 책 읽기에 급급한 나머지 감상 따위를 생각할 겨를이 없었다는 점이었다.

단톡방에서는 토론이 계속 이어졌다. 모든 친구가 감상을 이야기하고 이제 이나만 남았다.

혜미
> 이나야, 네 차례야.

혜미의 톡이 올라오자 이나는 창피하더라도 솔직하게 말하기로 했다.

> 고백하자면, 나는 어려워서 소리 내어 겨우 책을 읽었어.

그 순간, 갑자기 톡이 멈췄다. 친구들은 서로 눈치를 보는 듯했다. '독서토론을 하지 못하겠다고 하면 어쩌지?' 하는 생각이 이나의 머릿속을 스쳐 지나갔다. 하지만 이나는 토론을 계속하고 싶었다. 스타 배우가 되려면 기본적으로 대본을 잘 읽어내고 분석할 줄 알아야 한다는 사실을 깨달았기 때문이다.

지난번에 아역 배우의 유튜브 채널을 본 적이 있었다. 그 아역 배우는 대본을 달달 외우는 건 기본이지만, 대본에 없이 그냥 주어진 대화에도 모두 의미가 있다면서 그걸 읽어낼 줄 알아야 좋은 배우가 된다고 말했다. 다행히 진서의 톡이 올라와 단톡방의 침묵은 깨졌다.

진서
> 솔직히 말해주니까 어떻게 이야기해야 할지 모르겠어.

> 미안해.

이나는 진심이었다. 욕심이 앞선 나머지 친구들에게 괜히 피해를 준 기분이 들었다.

혜미
> 좋아. 이나가 미안해하는 건 받아들일게.
> 그리고 이나를 초대한 건 나니까 내가 이나를 책임질게.

혜미가 의외의 대답을 했다. '어떻게 책임진다는 거지?' 이나는 궁금하면서도 한편으로는 혜미가 고마웠다. 혜미에 대한 질투로 매번 꼴사납게 굴었는데 자신을 위해 나서주는 혜미의 모습을 보니 이나는 그동안 얼마나 자신이 속 좁게 굴었는지 알 수 있었다.

미유
> 나도 좋아. 점점 나아지면 되는 거니까.

미유의 톡에 상은과 진서도 좋다는 의미로 이모티콘을 올렸다.

혜미
> 그럼 오늘은 이것으로 끝내고 다음에 보자.
> 다음 독서토론은 공지로 올리기로 하자.

혜미의 토론 종료 알림 톡에 아이들은 인사를 하며 토론을 마쳤다. 이나는 한동안 단톡방을 그대로 쳐다보기만 했다. 머릿속이 멍한 기분이었다. 그때였다. 톡 알람이 떴다. 혜미였다.

혜미
> 내가 책임진다고 했으니까,
> 다음 책이 정해지면 책 내용을 기억할 수 있도록 도와줄게.

> 어떻게?

혜미
> 한 단원을 읽고 나서 우리 서로 정리해서 교환하는 거야. 어때?
> 대신 도중에 포기하면 안 돼. 알았지?
> 습관 부자 재영이가 습관을 들일 수 있었던 이유가 끈기였잖아.
> 그리고 다른 친구들도 처음부터 잘 읽은 건 아니니까,
> 주눅 들지도 말고.

이나는 혜미가 이렇게까지 자신을 위해 신경 써줄 이유가 없다고 생각했다. 포기하지 말라는 글자에는 울컥하기까지 했다. 이나는 눈에 살짝 고인 눈물을 얼른 휴지로 닦았다. 그래도 단톡방에서 솔직하게 말해서 다행이라고 생각했다.

> 넌 내가 밉지 않아? 왜 이렇게 잘해줘?

혜미
> 친구잖아.

친구라는 글자에 눈이 멈췄다. 이나도 혜미를 친구가 아니라고 생각한 적은 없었다. 하지만 혜미를 친구라고 생각하면서도 지금까지 상처를 줬던 말과 행동이 떠올라 부끄러웠다.

정말 미안해.

혜미
?

떡볶이집에서 한 말도 미안하고,
네가 잘난 척한다고 했던 말도 모두 미안해.
배우가 된 것도 샘이 났고,
서준이가 네게 고백한 것도 질투가 났어.

이나는 눈물이 멈추지 않았다. 울지 않으려고 했는데 계속 눈물이 났다.

혜미
우리 내일 이야기하자.
엄마가 부르신다. 오늘 엄마하고 할 일이 있거든

내 사과를 받아주지 않는다고 해도,
널 미워하지 않을게.

혜미
어? ㅎㅎㅎ 어쨌든 내일 보자.

노트북을 덮었다. 계속 눈물이 났다. 이대로 엄마에게 노트북을 가져가면 왜 우느냐고 물어볼 게 틀림없었다. 이나는 물을 다시 마시며 감정을 다잡았다. 숨을 들이마시고 내뱉으면서 마음을 가라앉히려고 했다.

끈기 프로젝트

도움말 누구나 꿈을 꿀 수 있어요. 하지만 꿈으로 그치지 않고 현실로 만들려면 그만큼 노력이 필요하죠. 그중 하나가 습관이에요. 습관 부자가 돼야만, 내 꿈을 더 빠르게 이룰 수 있답니다. 하지만 좋은 습관일수록 내 몸에 배도록 하는 건 어려워요. 엄마가 깨우지 않으면 일어나기도 쉽지 않고, 매일매일 일기 쓰는 건 더더욱 만만찮아요. 그래도 좋은 습관을 만들어야 해요. 지금부터 하나의 방법을 제안해볼게요.

★ 스티커와 작은 달력을 준비해요. 스티커와 달력이 없다면 A4용지로 달력을 만들어 출력해도 돼요. 그리고 책상 옆이나 앞에 달력을 붙이는 거예요. 스티커가 없다면 색연필을 준비하세요. 이제 여러분이 습관으로 만들고 싶은 세 가지를 적어보세요. 이 세 가지를 실천한 날에 스티커를 붙이거나 색연필로 색칠해보는 거예요. 그러면 내가 얼마나 실천을 잘했는지 한눈에 볼 수 있어요.

▶

★ 여러분이 만들고 싶은 습관을 세 가지 이상 적어볼까요? 그 이유도 함께 써봐요.

▶

말에는 힘이 있어

다음 날, 이나는 학교 수업을 마치고 공부방으로 갔다. 문을 열고 들어서자 제일 먼저 자신도 모르게 혜미를 찾았다. 하지만 혜미는 없었다.

"김이나!"

하랑이의 목소리였다. 이나는 고개를 돌려 하랑이를 확인하고는 옆에 앉았다. 아직 같이 공부하는 아이들이 전부 오지는 않았다. 이나는 자리에 앉아서 문제집을 꺼내고서 문제를 풀기 시작했다. 문이 열릴 때마다 자꾸 문을 향해 고개를 돌렸다.

"누구 기다려?"

"아니."

"근데 왜 자꾸 문을 쳐다봐?"
"그런 적 없는데."
하랑이의 말에 괜히 뜨끔한 이나는 아닌 척 발뺌했다. 그동안 이나는 혜미를 질투하는 모습을 하랑이에게 자주 보였다. 분명 하랑이는 혜미를 향한 이나의 마음이 어떤지 잘 알고 있었을 것이다. 그런데 하룻밤 사이에 정반대의 모습을 보여주는 듯해 이나는 쑥스러웠다. 혜미를 기다린다는 말도 하지 못했다.
"설마 너 내게 숨기는 거 아니지?"
하마터면 이나는 헉하는 소리를 낼 뻔했다. 하랑이는 역시 눈치가 빨랐다. 평소 이나에게 적절

한 조언도 잘해줬다. 이나와는 절친이지만 그렇다고 해서 무조건 이나의 편을 들어주는 친구는 아니었다. 그래서 가끔 서운할 때도 많지만 하랑이에게는 한결같은 면이 있었다.

이나는 하랑이에게 속마음을 자주 터놓았다. 물론 혜미와 관련한 이야기에서 하랑이는 주로 혜미의 입장을 대변했다. 그럴 때마다 이나는 속상했다. 하랑이가 감싸주는 혜미가 더 미웠다. 배우라는 이유만으로 자신의 절친인 하랑이마저 빼앗아간다고 느껴졌다. 하지만 이제부터는 그런 오해를 하지 말아야겠다고 생각했다. 혜미가 얼마나 노력하는지 잘 알게 됐기 때문이다.

드르륵. 문이 열렸다. 이나의 시선은 자동으로 문을 향했다. 이번에는 혜미였다. 혜미도 들어서면서 이나를 발견한 모양이었다. 두 사람의 눈이 마주쳤다. 혜미는 싱긋 웃어 보였다. 이나도 미소를 지었다. 혜미가 웃어주자 이나는 이번에야말로 혜미가 자신의 사과를 진심으로 받아줬다고 확신했다.

"너희 화해했어?"

"우리가 언제 싸웠어?"

이나는 시침을 뚝 떼면서 되물었다.

"무슨 일이야? 아무래도 너, 네게 숨기는 게 있는 거 같아. 얼른 말해. 그러지 않으면 나 삐진다."

"이따 집에 가면서 말해줄게."

이나의 말에 하랑이는 고개를 끄덕이며 자신의 문제집으로 얼굴을 돌렸다. 이나도 열심히 문제집을 들여다보며 문제를 풀었다. 그런데 이상하게도 혜미와 화해를 나눈 이후 이나는 문제집을 들여다보는 마음가짐이 달라진 듯했다. 왠지 꿈을 이루려면 혜미처럼 해야만 할 것 같았던 것이다. 아직 공부를 잘해야 하는 이유는 없었지만 혜미에게 이것도 물어봐야겠다고 생각했다.

엄마는 공부란 자신을 위한 일이라고 말하곤 했다. 이나는 아직 그 말을 잘 이해하지 못했다. 성적이 잘 나오지 않는 걸로 엄마가 야단친 적은 한 번도 없었기에 더더욱 엄마의 말을 이해하기가 어려웠다. 성적이 정말 중요한 문제였다면 잔소리가 끊이지 않았을 게 분명했다. 반면 엄마는 이나가 밥 먹을 때 딴짓을 하거나 콜라 금지인데도 불구하고 콜라를 마신 걸 발견하면 엄청나게 야단을 쳤다.

이나는 책 열 권을 읽고 감상문을 쓰면 연기 학원을 보내주겠다고 약속한 엄마의 말이 떠올랐다. 이나는 이제야 엄마가 숙제를 내준 의미를 이해할 것만 같았다. 문득 '엄마는 내가 스스로 공부해야 하는 이유를 찾기까지 기다려주는 건 아닐까?'라는 생각이 들었다. 이나는 고개를 절레절레 저었다. 그건 아니었다. 그랬다면 엄마가 다른 조건을 내걸었을 것이다.

"선생님, 이 문제 풀지 못하겠어요."

"어디 보자."

이나가 질문하자 선생님이 다가왔다. 선생님은 이나의 문제집을 보면서 차근차근 설명했다. 선생님의 설명이 끝나고 이나는 다시 문제를 풀기 시작했다. 오늘따라 유난히 집중이 잘됐다. 친구들이 문제를 풀다가 속닥거리는 소리가 들렸지만 신경이 쓰이지 않았다. 예전 같았으면 귀를 쫑긋 세우고 무슨 말 하는지 들었을 텐데 오늘은 그러지 않았다.

"오늘은 여기까지 할게요. 숙제는 문제집 두 페이지 풀어 오기예요. 내일 오자마자 선생님에게 검사받고. 알았죠?"

"네."

아이들은 동시에 답하고는 가방을 챙겼다. 이나도 문제집과 필통을 가방에 넣었다.

"너 얼굴이 빨개."

하랑이의 말에 이나는 손바닥을 얼굴에 가져다 댔다. 문제를 풀면서 몸속에서 열기가 올라왔던 모양이다.

"아무래도 너 너무 이상해. 얼른 나가자. 무슨 일이 있었는지 궁금해서 미치겠어."

하랑이가 재촉했다. 이나는 미소를 지으며 뒤따라 나갔다. 문을 막 나서면서 힐끔 뒤를 돌아봤다. 혜미가 옆 친구와 이야기하며 가방을 챙기고 있었다.

하랑이는 떡볶이집에 도착하자마자 이나를 재촉했다.

"이제 말해. 무슨 일 있었어?"

포크로 떡볶이를 찍어 먹으며 하랑이가 물었다. 입 안에서 오물거리는 모습이 귀여웠다. 이나도 떡볶이를 찍어 입에 넣으면서 오물거렸다. 그러고는 혜미네 집에서 혜미가 오디션 준비를 위해 연기하던 모습과 대본을 본 이야기를 들려줬다. 독서토론 단톡방에 관해서도 이야기했다. 그 말을 듣던 하랑이의 눈이 점점 커졌다. 하랑이도 놀라는 눈치였다. '진짜? 정말?'을 연신 외쳤다.

"혜미, 정말 대단하지?"

"응. 그런데 나는 네가 더 대단해. 재미없는 책을 읽겠다는 생각을 어떻게 했어? 그리고 독서토론 단톡방에 들어갈 마음은 왜 생긴 거고?"

"그냥."

연기 학원을 다니려면 엄마가 내건 조건을 지켜야 해서 어쩔 수 없었다는 말은 꺼내지 못했다. 이나는 자신이 스타 배우가 되고 싶다고 말하면 절친인 하랑이가 비웃을지 모른다고 생각했다. 배우는 아무나 할 수 있는 일은 아니니까. 심지어 스타가 되는 일은 더더욱 어려운 일이라는 걸 이나도 잘 알고 있었다. 왠지 자신이 꾸는 꿈이 허무맹랑할 뿐만 아니라 이룰 수 없는 꿈이라는 말을 들을 것만 같았다.

"그냥이라고? 이해할 수 없네."

"그냥일 수도 있지."

"네가 그렇다면 그런 거로 생각할게. 그런데 정말 그냥이라면 더 대단한 거야. 나만큼이나 책 보는 거 싫어하는 네가 요 며칠 사이에 책을 읽는 것도 신기하고 독서토론을 한다는 건 신기하다 못해 괴상할 정도야. 하지만 네가 달라지는 걸 응원할게. 왠지 나도 달라져야 할 것 같은 압박감이 들긴 하지만."

하랑이는 웃으며 말했다. 그 말이 진심이라는 걸 이나는 의심하지 않았다. 하랑이는 말을 하지 않으면 안 했지, 빙빙 돌려서 말하는 친구는 아니었다. 직설적인 성격에 가끔 미울 때도 있지만 틀린 말을 하는 친구는 더더욱 아니었다.

"나도 같이 먹자."

혜미가 떡볶이집으로 들어서며 말했다.

"우리가 여기 있는 줄 어떻게 알았어?"

"네가 이나를 끌고 가는 걸 봤어. 그러면 여기 말고 더 있어?"

하랑이의 물음에 혜미가 웃으며 대답했다.

"나 금방 이나에게 믿을 수 없는 말을 들었어. 정말이겠지만 그래도 확인하고 싶다. 혜미야, 정말이니?"

하랑이가 과장된 표정으로 혜미를 보며 물었다.

"책 읽는 거? 독서토론 단톡방에 들어온 거?"

떡볶이를 잔뜩 입 안에 넣어 대답하기 어려운지 하랑이가 고개를 끄덕였다.

"맞아."

"그런데 지난번에 이나가 네 기분을 나쁘게 만들었는데, 괜찮아? 화도 났을 텐데 이나를 독서토론에 끼워주고 집에도 초대를 했다고? 내가 아는 윤혜미는 천사가 아닌데…."

이나는 피식 웃음이 나왔다. 천사가 아니라는 말을 아무렇지 않게 내뱉는 하랑이의 모습을 보면서 정말 하랑이답다고 생각했다.

"천사가 아닌데 천사인 척했지. 그리고 이나가 진심으로 사과했어."

"왜 천사인 척했는데?"

하랑이가 의아한 듯 다시 물었다. 이나는 혜미와 자신이 하랑이에게 추궁받는 기분이 들었다. 마치 죄를 지은 사람이 죄를 짓게 된 과정을 설명하는 느낌이랄까. 그런데 사실 이나도 혜미가 왜 천사인 척하는지 궁금했다.

"이나의 꿈을 짐작하게 됐거든."

"켁켁."

이나는 혜미의 대답을 듣고는 깜짝 놀라 입에 문 떡볶이를 단숨에 삼켜버렸다. 매운 떡볶이 국물 때문에 목 주변이 화끈거렸다. 기침도 멈추지 않았다. 연거푸 물을 마셨다. 목에서 따끔거리는 느낌이 멈출 생각을 하지 않았다. 눈에는 눈물까지 고였다.

"괜찮아?"

혜미가 이나에게 계속 물을 채워주며 물었다.

"많이 놀랐나 보다. 그래서 이나의 꿈은 뭘까?"

하랑이의 질문에 이나는 혜미가 자신의 꿈을 알고 있는지 궁금했다. 이나는 엄마나 아빠를 제외하고 자신의 꿈을 이야기해본 적이 없었다. '내 꿈이 뭐라고 생각하는지 직접 물어볼까?' 하다가 그만두기로 했다. '네 꿈도 배우잖아.'라는 대답을 들으면 어떤 표정을 지어야 할지 몰랐기 때문이다.

"아직 말할 수 없어."

다행히 혜미는 말하지 않았다. 이나도 아직은 말할 수 없었다. 연기 학원을 다니는 것도 숨기려고 했던 이나였다. 이나는 오디션에 붙고 나면 그때 친구들에게 말할 생각이었다. 비로소 꿈에 한 발짝 다가선 거니까.

"혜미야 뭔데? 궁금해 죽겠어."

"이나가 말하지 않는데 어떻게 내가 말할 수 있겠어. 하지만 며칠 전에 엄마가 어릴 때 찍어준 영상을 보다가 알았어. 하랑이 너도 알다시피 내가 이나와 같은 빌라에서 살았잖아."

"그렇지. 네가 번 돈으로 새 아파트로 이사도 했고."

"그건 아니야. 내가 벌면 얼마 번다고 그 돈으로 이사를 하겠니? 청약이라는 게 있대. 그게 당첨되면 새 아파트로 갈 수 있는데, 이번에 그게 돼서 간 거야."

이나는 혜미를 둘러싼 소문 중에 오해가 꽤 많다는 걸 깨달았다. 그보다 혜미와 같은 빌라에 살던 시절에 자신이 무슨 이야기를 했는지 좀처럼 기억이 나지 않았다. 어렴풋이 그때도 분명 스타가 되겠다고 말한 것 같았다.

어린 시절, 이나는 텔레비전에 나오는 스타들을 좋아했다. 지금도 아이돌 오빠들을 덕질할 정도니까. 언젠가 아이돌 오빠들의 여자 친구가 되고 싶다는 소망도 있었다. '아 참, 서준이도 좋아하지. 하지만 서준이는 혜미를 좋아하니까.'라면서 이제는 그만 좋아해야 한다고 생각했다. 물론 자존심도 상했다. 서준이가 잘생기긴 했지만 그냥 좋아하는 게 아니라 혜미가 배우를 해서 좋아한다는 조건이 붙은 것도 기분이 별로였다.

"어쨌든 그래서 알게 된 거야."

혜미도 떡볶이를 우물거리며 먹었다. 입 안 가득 떡볶이가 들어가서 그런지 혜미의 볼이 터질 듯 빵빵했다. 혜미는 떡볶이를 어느 정도 삼키고서 말을 이어갔다.

"이나야, 꿈은 말해야 하는 거야. 남들이 비웃어도 네 꿈을 선언해야만 노력을 할 수 있어. 말에는 힘이 있다고 했거든. 나는 우연히 배우를 시작했지만, 그 이후부터는 대배우가 될 거라는 꿈을 혼자서도 자주 말해. 아침에 눈을 뜨면 늘 세 번은 외쳐. 예전에 어디선가 읽었는데, 100번 이상 외치면 정말 꿈을 이룰 수 있대."

"정말이야? 그럼 나도 외쳐볼까? 노력하지 않고 공부를 잘하게 해주세요, 이렇게."

"뭐?"

혜미도 이나도 하랑이의 어이없는 소원에 웃음을 터트렸다. 하지만 이나는 혜미의 말을 곱씹고 있었다.

'꿈을 말해라! 말에는 힘이 있다! 정말일까?'

혜미가 달라진 걸 보면 그 말이 맞는 것 같다고 이나는 생각했다.

두 번째 뿌리, 확언

도움말 말이 씨가 된다는 속담이 있어요. 무심코 뱉은 말이 진짜로 이뤄질 수 있으니 말을 조심하라는 뜻이에요. 하지만 좋은 말이 진짜로 현실이 된다면 행복하지 않을까요? 꿈에 한 걸음 다가서는 긍정적 생각을 실제로 말한다면, 그리고 그 꿈이 현실이 된다면 더 자주 말해야 하지 않을까요?

★ 여러분에겐 간절한 소망이 있나요? 반드시 미래에 어떤 사람이 되겠다는 꿈이 아니어도 좋아요. 예를 들어 줄넘기 300번을 꼭 해내고 싶다고 생각한다면 '줄넘기 300번을 할 수 있다'라고 종이에 적어보세요. 그리고 책상 앞과 방문 앞에 붙여보세요.

▶

★ 다시 한번 스티커와 달력을 사용해볼게요. 반드시 이루고 싶은 것을 하루에 100번 이상 소리를 내 읽어볼까요? 100번이 어렵다면 50번으로 줄여 소리를 내 읽어봐요. 그리고 책상 앞과 방문 앞에 붙인 달력 여백에 자신이 이루고 싶은 것을 소리 내 읽었다는 의미로 스티커를 붙여봐요.

▶

그냥 스타 배우가 아니라 '어떤' 스타 배우

혜미의 말을 듣고서 며칠간 하랑이는 이나의 꿈이 무엇인지 집요하게 물었다. 공부방은 물론이고 학교에서조차 물었다. 하지만 시간이 점점 흐르면서 하랑이도 지쳤는지 묻는 걸 포기하는 듯했다. 이나도 아직 자기 꿈을 말할 수 없었다. 말에 힘이 있다고는 하지만 친구들에게 말하면 분명 비웃을 게 뻔했기 때문이다. 설혹 앞에서 그러진 않아도 뒤에서 '배우는 아무나 하는 줄 아나 봐, 쟤 혹시 혜미가 부러워서 그러는 거야?'라며 흉을 볼 것만 같았다. 도저히 입 밖으로 꺼낼 수가 없었다. 하지만 결국 말을 해야만 하는 상황에 맞닥뜨리고 말았다.

"오늘 공부방 선생님께서 하루 방학한다고 했잖아."

하랑이와 친구 몇 명이 이나에게 다가와 말했다. 같은 공부방을 다니는 친구들이었다.

"그래서?"

"그래서라니? 이런 날에는 게임방을 가야지 않겠어? 피시방 가자."

이나는 《습관 부자 재영이》를 읽으면서 깨달은 게 하나 있었다. 좋은 습관을 만드는 것도 중요하지만 나쁜 습관을 버리는 게 더 중요하다고 했다. 피시방 가는 게 나쁜 습관이냐고 누군가 물어본다면 이나는 답할 수 없었다. 누군가에는 나쁜 습관일지 몰라도 누군가에는 해가 없는 습관일 수 있기 때문이다. 하지만 이나에게 피시방 가는 것은 나쁜 습관이었다. 피시방에 다녀온 날에는 숙제도 귀찮았고 힘도 빠지는 기분이 들었다. 머릿속에서 게임 장면이 떠나지 않아 아빠 말씀을 흘려듣기 일쑤였다.

"나는 피시방 안 갈래. 이젠 안 다니려고."

"가자. 응? 네가 안 가면 재미가 없을 거 같아."

하랑이가 이나에게 매달리듯 설득했다.

"간만에 우리 모여서 피시방 가는데 네가 빠지면 섭섭할 거 같아."

다른 친구들도 이나를 꼬득였다. 친구들의 계속되는 설득에 이나는 어떻게 해야 할지 몰랐다.

"책 읽어야 해."

"에? 공부는 저 멀리 두더지에게 맡겨둔 네가?"

"공부가 아니고 책이라고 했어."

"왜 책을 읽어?"

또 다른 친구가 이나에게 묻자 이나는 솔직히 답했다.

"책 읽는 게 나빠?"

"아니. 책 읽는 게 나쁜 게 아니라 책 읽는 거보다 게임을 하거나 유튜브 보는 게 재미있잖아."

이나를 설득하던 또 다른 친구가 고개를 갸웃하며 말했다. 도무지 물러설 기미가 보이지 않았다. 이나는 용기를 내기로 했다. 자신의 꿈을 말해야만 친구들이 더 이상 자신에게 피시방 가자고 말하지 않을 듯했다. 이나는 선전포고하듯이 숨을 크게 들이마시고는 호흡을 내뱉으며 말했다.

"책 열 권을 읽고 독후감을 써야 해. 그러면 엄마가 연기 학원 보내준댔어."

"연기 학원?"

"김이나 너 배우 되려고?"

"설마, 아니지? 너는 혜미가 아니야. 혜미처럼 예쁘지도 않잖아."

"연기는 아무나 하나? 혜미 까더니 결국 샘이 나서 그런 거였어?"

친구들의 반응은 대체로 부정적이었다. 이나는 속

이 상했다. 노골적으로 그런 말을 들을 줄 몰랐다. 눈물이 날 것만 같았다. 그동안 혜미를 흉봤던 자신이 후회스러웠다.

"너희 왜 이렇게 못됐어?"

하랑이가 나서서 친구들에게 한마디 했다.

"우리가 뭘?"

"너는 유튜버 되는 게 꿈이잖아. 그거는 쉽니? 넌 아무것도 안 하잖아. 아, 맞다. 하긴 하지. 휴대전화로 영상 찍어 올린 거 봤어. 그래서 재미있니? 구독자는 많아?"

"그건 아니지만…."

"유튜버 구독자 수가 많은 사람 좀 봐. 너 같지 않아."

유튜버가 되는 게 꿈인 친구가 입을 다물었다. 하랑이는 다른 친구들을 보며 물었다.

"너는? 디자이너가 꿈이라며? 그래서 어떤 노력을 하는데?"

디자이너가 꿈인 친구도 갑자기 눈치를 봤다. 하랑이는 아랑곳하지 않고 다시 친구들에게 물었다.

"그리고 너네는 꿈 같은 게 있어? 어떤 어른이 되고 싶다고 생각한 적 있어? 없지? 없으면서 왜 이나에게 뭐라고 그래? 그리고 왜 친구의 꿈을 비난해? 정말 이나가 배우가 되면 어떻게 하려고? 난 이나가 배우가 되면 좋겠어. 혜미와 이나 둘 다 배우가 되면 나는 우리 아이돌 오빠 직접 만나게 해달라고 해야지."

이나는 하랑이가 자기 편을 들어줘서 고마웠다. 아이돌 오빠를 만나게 해달라는 마지막 말에는 그만 웃음이 살짝 흘러나오고 말았다. 하랑이가 이나의 꿈을 응원하는 건 아마도 자기 욕심을 채우기 위해서인 모양이었다. 그래도 괜찮았다. 하랑이는 적어도 이나의 꿈을 비웃지는 않았으니까.

"빨리 책 읽고 감상문 써. 너랑 못 놀아서 아쉽지만, 이따가 잠자기 전에 톡하면 되니까."

"어? 그래. 고마워."

이나는 친구들과 인사하고는 집으로 향했다. 이나는 한 번씩 하랑이가 어른스럽다는 생각을 했다. 이나가 혜미에게 상처를 줄 때 어떤 부분에서 잘못했는지 정확히 지적해준 사람도 하랑이었다.

'그나저나 혜미도 내가 배우가 되고 싶어 하는 걸 아는 걸까? 어차피 친구들에게 선언했으니 조바심 내지 말고 물어봐야겠다.'

이나는 집에 돌아와 톡창을 열고 혜미에게 톡을 보냈다.

> 혜미야, 너는 내 꿈이 뭔지 알고 있어?

혜미
> 배우잖아.

역시 예상한 대로 알고 있었다.

> 어떻게 알았어?

혜미
> 너네 엄마가 우리 엄마에게 내가 다니는 연기 학원에 관해 물으셨대.

혜미는 그 이야기를 계기로 예전 기억이 하나 떠올랐다고 했다.

이나와 혜미는 어릴 때 곧잘 어울렸고 역할극도 많이 했었다. 혜미는 이나가 당시 드라마에 나오는 배우 역할을 하면서 나중에 자기도 텔레비전에 나올 거라는 말을 했다고 전해줬다. 이나도 그때의 기억이 떠올랐다. 하지만 너무 오래된 기억이었다. 그걸 기억하는 혜미가 신기할 정도였다.

혜미
> 그래서 너를 이해하게 됐어.
> 어쩌면 너보다 앞서 나가는 내 모습을 보며
> 네가 샘이 났겠구나! 라고.

> 그래도 밉지 않았어?

혜미
> 처음에는 밉기도 했는데,
> 나도 나보다 잘나가는 아역 배우를 보면 샘이 나거든.
> 그런데 나랑 똑같은 너의 모습을 자주 보다 보니
> 더는 미워하지 않게 되더라고.
> 그리고 네가 책을 읽으려고 하는 걸 보면서
> 어쩌면 대본을 잘 읽으려고 노력하나 보다 생각했어.
> 널 도와주려고 했던 것도 그 때문이야.

이나는 건성으로 건넨 자신의 사과에도 불구하고 혜미가 자신에게 친절했던 이유를 비로소 이해했다. 이나는 자신에게 좋은 친구가 많다고 느껴졌다. 하랑이도 그렇고 혜미도 그렇고 모두 말하지 않아도 친구로서 도움을 주는 게 고마웠다.

> 고마워.

혜미
> 그래, 고맙지? 나중에 떡볶이는 네가 사는 거다.

> 그래. 그리고 오늘 내가 친구들에게 배우가 될 거라고 선언했어.
> 네 말대로 이제부터는 아침에 일어나면 매일매일 침대에서 나는 배우가 될 거야, 라고 외치려고.

혜미
> 좋았어. 우리 서로 샘내지 말고 서로 도움을 주는 배우가 되자!

> 그래.

혜미
> 나 지금부터 톡 못 해. 오늘 톡은 여기서 끝. 지금 연기 학원 왔어.

> 끄덕끄덕

혜미와의 톡을 마치고 나니 이나는 마음이 한결 가벼워졌다. 빠른 걸음으로 집으로 향했다.

"이나야!"

누군가 뒤에서 이나를 불렀다. 근처 반지하 방에서 혼자 사는 동네 할머니였다. 평소 폐지를 줍는 모습을 몇 번 봤던 기억이 있었다.

며칠 통 모습이 보이질 않았는데 오늘은 이나를 부르며 나타났다.

"안녕하세요."

"인사도 하고 착하구나. 이거 엄마에게 전해드리렴."

할머니가 빈 통 여러 개를 내밀었다. 이나는 할머니가 내미는 통을 두 손으로 받아 들었다.

"엄마에게 고맙다고 전해주렴."

할머니는 박하사탕 한 움큼을 이나의 옷 주머니에 넣어줬다.

"이 통에 뭐가 있었는데요?"

"죽이란다. 며칠 아파서 밥도 못 먹고 있었는데, 네 엄마가 어떻게 알고 죽을 가져다줬어. 죽을 냉장고에 놓고 데워 먹었더니 이제 기운이 좀 나는구나."

이나는 깜짝 놀랐다. 엄마가 이유식을 만들어 판다고 했는데 할머니에게 죽을 전한 줄은 몰랐다. 사탕을 내미는 할머니를 보니 엄마는 돈도 받지 않은 듯했다. 이나는 엄마가 5년 이내에 부자가 되겠다고 했으면서 공짜로 줘도 되는 것인지 의아했다.

"엄마에게 전해드릴게요."

"그래. 그럼 어서 가보렴."

이나는 고개를 숙여 할머니에게 인사하고는 죽통을 들고 집으로 향했다. 집에 도착했지만 손에 든 통 때문에 문을 열 수 없어 벨을 눌렀다. 엄마가 안에서 문을 열어줬다.

"그게 뭐야?"

"동네 할머니가 엄마에게 전해달라고 하셨어요."

"아. 할머니."

엄마는 고개를 끄덕이며 이나 손에 든 죽통을 받아 들고는 식탁 위에 올려놓았다.

"엄마는 부자가 된다고 했으면서 돈도 받지 않고 이렇게 음식을 나눠줘요? 그러면 돈이 안 모이잖아요."

"엄마는 부자 되는 거 포기하지 않았어. 지금 엄마 계획대로 잘 진행되고 있고. 그리고 엄마는 선한 영향력이 있는 부자가 될 거라서 혼자 사는 어르신께 죽 배달하는 일도 꼭 할 거야."

이나는 여전히 이해되지 않았다. 이나의 머리로는 돈도 받지 않는 일을 하면서 부자가 된다는 말이 이해되지 않았다. 앞뒤가 전혀 맞지 않는 말이었다. 게다가 선한 영향력이라는 말도 생소했다.

"예전에 엄마가 이나에게 물었지? 배우가 되는 게 네 꿈인지 아니면 스타가 되는 게 네 꿈인지?"

"네. 저는 스타 배우가 되는 게 제 꿈이라고 말했어요."

"그렇지. 그러면 엄마가 또 물어볼게. 스타 배우가 왜 되고 싶어?"

"부자가 되는 거잖아요."

"왜 부자가 되고 싶은데?"

"사고 싶은 걸 마음대로 살 수 있잖아요."

"그건 꼭 스타 배우가 되지 않아도 돼. 그냥 돈만 많이 벌 수 있다면 가능하지. 하지만 네가 스타 배우가 되고 싶다면, 왜 하필 부자가 되려는 방법으로 배우를 선택했는지 생각해볼 필요가 있어."

"엄마는 왜 이유식을 만드는 걸로 부자가 되고 싶은 건데요?"

"내가 엄마가 돼보니까 아이를 키우는 일이 힘들다는 걸 알게 됐어. 엄마는 너를 낳고 몸이 많이 약해졌거든."

이나는 엄마에게 괜히 미안했다.

"이나는 미안해하지 않아도 돼. 건강해지려고 노력을 덜 한 엄마가 문제인 거니까. 엄마는 그때 깨달았어. 내가 노력하면 건강해진다는 걸. 그리고 내가 노력하면 세상 모든 엄마에게 힘이 돼줄 수 있을 것 같다고 생각했어. 하지만 그 전에 내가 사는 마을 엄마들에게 도움을 주고 싶었어."

"그러면 할머니에게 왜 공짜로 죽을 나눠준 거예요?"

"할머니도 엄마였을 테니까. 무슨 사정이 있는지는 모르지만 자식들과 함께 사는 건 아닌가 봐. 그래도 할머니도 엄마였던 건 확실해. 엄마는 내 주변의 엄마들이 건강해질 수 있는 일에 힘을 보태고 싶어. 그래서 무료로 죽을 보내드린 거야. 엄마의 힘이 다른 누군가에게 영감을 준다면 엄마들을 돌보는 사람들이 많아지겠지. 그러면 우리 마을 엄마들은 모두 건강해질 거야. 그런 게 바로 선한 영향력이고."

이나는 엄마의 말을 이해할 수 있을 것 같았다. 그리고 엄마가 자신에게 했던 질문을 다시 되새겨봤다.

'나는 왜 하필 부자가 되기 위해 배우라는 직업을 선택한 걸까? 스타가 되는 방법은 여러 가지일 텐데 나는 왜 배우였을까?'

엄마의 말대로 이나는 고민해봐야겠다고 생각했다.

진정한 부자란 누구일까요?

도움말 진정한 부자라는 말을 들으면 사람들은 종종 돈은 없지만 마음이 부자인 사람을 떠올립니다. 그게 나쁜 건 아니에요. 그렇다고 올바르다고도 할 수 없어요. 왜일까요? 함께 생각해봐요.

★ 노블레스 오블리주라는 말이 있어요. 그 말의 뜻을 찾아보고 노블레스 오블리주의 유래를 정리해봐요.

▶
....
....

★ 옛말에 '개 같이 벌어서 정승처럼 쓴다'는 말이 있어요. 이 말의 뜻을 찾아봐요. 그리고 정승처럼 쓴다는 게 무엇을 의미하는지 이야기해봐요.

▶
....
....

너를 상상해봐

이나는 책을 읽기 싫더라도 참아보기로 했다. 스타 배우가 되려면 우선 배우가 돼야 했다. 그것도 연기력이 뛰어나야 했다. 연기력을 키우려면 대본 이해하는 법을 익혀야 했다. 연기 연습은 학원에서 배울 수 있지만 글로 이루어진 이야기의 내용을 이해하는 것이 무엇보다 중요했다.

이나는 굳게 결심하고서 매일 책을 읽었다. 여전히 눈으로 책을 읽는 것은 힘이 들었다. 별수 없이 소리를 내 읽었다. 이나가 소리 내어 책을 읽을 때면 엄마나 아빠는 텔레비전 소리를 줄였다. 다음 독서토론 책은 판타지 동화 《악몽 전사》였다. 오로지 먹는 데만 관심을 갖던 주인공 별이가 악몽이 현실이 되는 걸 깨닫고는 자신의 꿈으로 들어가 악몽과 싸우는 이야기였다. 그나마 《습관 부자 재영이》보다 쉽게 읽혔다. 게다가 주인공 별이가 자신과 닮아 많은 부분에서 공감이 됐다.

오늘은 세 번째 단원을 읽는 중이었다. 확실히 한 단원이 끝날 때마다 줄거리를 정리하니 쏙쏙 이해가 됐다. 또 앞에 읽은 내용을 기억하고 있으니 별이의 모험 이야기가 더 흥미진진하게 느껴졌다. 세 번째 단원에서는 앞의 두 단원과는 다르게 별이가 처음으로 고난을 겪는 장면이 나왔다.

악몽이 자신의 꿈으로 들어온 별이를 거미줄로 묶어버렸다. 별이는 벌벌 떨었다.

별이만큼 몸집이 큰 거미가 다가오는 모습이 생생하게 그려졌다. 이나는 자신도 모르게 손에 땀이 배었다. 소리를 내 읽다가 너무 무서운 나머지 눈으로 읽기 시작했다. 소리를 내 읽으면 거미가 정말로 책 밖으로 기어 나올 것만 같았다. 또 숨을 쉬면 안 될 것 같아 눈으로 한 글자 한 글자 또박또박 읽어 내려갔다.

'별이는 거미를 어떻게 피할까? 거미에게 죽으면 어떻게 하지?'

주인공이라 죽지는 않을 테지만 너무 위험한 상황에 빠진 별이를 보며 이나는 숨을 죽였다.

별이가 생각한 건 이야기였다. 페르시아의 왕이 자신을 죽이려는 걸 알게 된 한 여인이 천일하고도 하룻밤 동안 이야기를 들려줘 목숨을 구했다는 이야기가 떠올랐던 것이다. 별이는 거미에게 "흑거미가 거미 중에 제일 힘이 세지?"라고 물었다. 별이의 눈앞에 있는 거미는 다리에 줄무늬가 있는 걸로 봐서 무당거미임이 틀림없었다. "아니 무당거미가 제일 힘이 세." 무당거미가 답하자 별이는 속으로 '야호!' 하고 소리쳤다. "무당거미가 제일 세다는 말은 들은 적 없는데." 별이는 무당거미의 약을 올렸다.

이나는 웃음이 나왔다. 무당거미가 지기 싫어하는 성격일 줄은 몰랐다. 이나가 쳐놓은 함정인 줄 모르고 무당거미가 발끈하면서 이나의 말에 대꾸하는 장면이 재미있었다. 하지만 이나는 만약 자신이 무당거미였다면 어떻게 했을지 상상했다.

'나라면 무당거미와 다르게 행동했을까?'

이나도 지기 싫어하는 성격이었다. 아마 별이가 무당거미에게 한 것처럼 자신에게 말했다면 똑같이 했을 거라는 생각이 들었다.

갑자기 별이의 눈앞에서 거미가 희미해졌다. 화가 잔뜩 난 거미의 입에서 거미줄이 나오려고 했다. 하지만 "별이야 학교 가야지. 얼른 일어나." 별이는 화가 난 거미를 향해 혀를 낼름 내밀며 "약 오르지?" 하고 말하고는 손까지 흔들었다. 눈을 뜨면 악몽에서 벗어날 수 있었다. 내일 올 때는 거미집을 헤쳐 나갈 방법을 찾아오리라고 다짐도 했다. 별이는 힘껏 눈을 떴다. 더는 침대에서 일어나지 못하겠다고 징징대던 별이가 아니었다. 단박에 침대에서 일어났다. "우리 별이가 웬일이니?" 엄마가 신기하다는 듯 물었다.

세 번째 단원이 끝났다. 이나는 다음 단원으로 넘어가고 싶었다. 하지만 혜미와 한 단원이 끝나면 줄거리를 정리하고 서로 주고받기로 약속한 것이 생각났다. 이나는 다음 장으로 넘기는 걸 꾹 참고 세 번째 단원의 줄거리를 정리했다. 글을 정리하던 이나는 중간중간 궁금했던 내용이 떠올랐다. '만약에 내가 별이였다면? 만약에 그 순간 내가 거미였다면? 영원히 꿈에서 깨지 못하면 악몽 속에 나는 어떻게 되는 걸까?' 이나는 줄거리를 정리하고 아래 빈 공간에 책을 읽는 동안 떠올랐던 질문을 정리해서 적었다.

"별이 뭐 하니?"

아빠가 노크하고는 슬그머니 방문을 여셨다.

"책 읽고 있었어요."

"아무 소리도 안 나던데? 그래서 게임을 하나 했지. 정말 책 보고

있었어?"

이나는 그제야 자신이 눈으로 책을 읽었다는 걸 깨달았다. 자신도 눈으로 책을 읽을 수 있다는 사실이 신기하면서도 기뻤다. 대본을 읽을 수 있는 실력이 조금 늘어난 것 같았다. 무엇보다 재미있는 이야기에 빠질 수 있다는 말이 조금 이해되는 듯해 뭉클했다.

"이것 보세요."

이나는 아빠에게 줄거리를 정리한 공책을 보여줬다.

"우리 이나도 한다면 하는구나! 휴대전화도 보지 않았나 보네."

아빠의 말에 이나는 책을 읽는 사이 휴대전화가 궁금하지 않았던 게 기억났다. 아빠의 말씀처럼 이나도 나쁜 습관 하나를 떼어내고 있었다. 나쁜 습관 하나 버리기가 성공할 것 같다는 예감이 들었다.

"책은 재미있었어?"

"네. 정말 재미있었어요."

"그러면 이나도 금방 연기 학원 가겠네."

"제가 잘할 수 있을까요?"

갑자기 자신이 없어졌다. 친구들이 자신에게 혜미처럼 예쁘지 않다고 한 말이 떠올랐기 때문이다. 혜미처럼 공부를 잘하는 것도 아니어서 예전처럼 무작정 우겨대며 연기 학원을 다니겠다고 말할 수가 없었다.

"네가 변한 게 안 보이니? 물론 연기 학원을 다닌다고 모두 배우가 되는 건 아니야. 하지만 지금처럼 노력한다면 아빠는 우리 이나도 배우가 될 수 있다고 생각하는데?"

"노력한다고 모두 잘되는 건 아니잖아요. 혜미도 정말 노력을 많이 한다고 들었어요. 그렇게 해도 오디션에서 자주 떨어진다고 하더라고요."

"이나가 그 친구보다 더 노력하는지 아닌지는 모르는 거니까. 그리고 오디션 한번 떨어졌다고 배우가 안 되는 건 아니야."

이나는 아빠의 말을 곰곰이 생각했다. 아빠의 말씀이 맞는 것 같았다. 노력의 양을 잴 방법은 없다. 자신이 얼마만큼 노력했다고 말하지 않는다면 더더욱 모를 일이다. 이나는 혜미의 노력이 부족한 건 아니라고 생각했다. 하지만 아빠의 말씀처럼 혜미가 더 많이 노력했을 수도 있는 일이다. 혜미는 아빠에게 질문했다.

"제가 노력을 더 많이 한다는 걸 알리면 어떻게 해야 해요?"

"그런 건 없어. 하지만 간절한 마음이 있다면 노력을 더 할 수 있을 거야."

"간절함요?"

"그 역할을 내가 하고 싶다는 마음이지. 누구나 무언가를 하고 싶다는 마음이 간절할수록 노력하게 되는데, 그 노력의 바탕에는 자신을 믿는 마음이 있어야 해. 나는 그 역할을 제대로 해낼 수 있는 배우라는 자신감, 그리고 나중에 어떤 배우로서 성장하겠다는 자신만의 신념을 가질 수 있을 만큼 노력한다면 모든 노력을 다한 거라고 할 수 있어."

"너무 어려워요."

이나에게는 정말 어려운 말이었다. 하지만 오디션에 붙으려면 아빠의 말을 이해해야 할 것 같았다. 다른 아역 배우들처럼 연기를 하려면, 그들보다 더 노력하는 데 필요한 이야기라면 반드시 귀담아들어야 한다고 생각했다.

"신념에는 가치와 철학이 들어 있어. 엄마가 아마 계속 물었을 거야. 이나에게 어떤 스타 배우가 되고 싶은지 말이야. 엄마는 공동체에 선한 영향력을 가진 이유식 사업가로 부자가 되는 꿈을 갖고 있지? 엄마가 왜 공동체에 선한 영향력을 가지고 싶은 것인지를 생각하면 좀 이해할 수 있을 거야. 공동체에 선한 영향력을 가져야만 다른 엄마들이 아기를 잘 키울 수 있기 때문이지. 그게 엄마의 신념이야. 선한 영향력을 보이면 다른 엄마들이 아기를 잘 키울 수 있을 거라는 것. 그 믿음이 바로 엄마가 부자가 될 거라는 자기 확신이라고 보면 돼. 좀 이해가 되니?"

아빠의 말은 여전히 이나가 이해하기에 어려웠다. 그래도 이전과는 뭐가 좀 다르기는 했다. 엄마가 늘 물어보시던 '어떤 배우'라는 말에 신념이라는 의미가 담긴 것 같았다.

"아빠, 그러면 제가 스타 배우가 될 거라고 저 스스로 믿는다면,

그리고 어떤 스타 배우가 될 거라는 각오를 한다면 오디션을 더 잘 볼 수 있다는 뜻인가요?"

"그럼. 하지만 이나처럼 똑같은 생각을 하는 친구가 이나만큼 노력을 한다면 그때는 우열을 가릴 수 없겠지. 하지만 노력은 배신하지 않는 법이란다."

이나는 아빠의 말을 이해하기는 했지만 자신이 정말 제대로 이해한 것인지, 글자 그대로만 알아들은 것인지 헷갈렸다. 그러나 자신이 어떤 스타 배우가 될 것인지를 지금부터 좀 더 고민해봐야겠다고 생각했다. 어떤 스타 배우가 될지 결정한다면 어쩌면 아빠의 말이 저절로 모두 이해될 수도 있으니까.

믿음과 신념

💗도움말 믿음과 신념이라는 단어는 다른 듯 같은 단어예요. 참 헷갈리죠? 하지만 쓰임새는 확실히 달라요. 믿는다는 건 내 경험을 바탕으로 할 때가 많아요. 여러분의 친구가 이어달리기에 나갈 때 여러분은 "나는 네가 잘할 거라고 믿어."라고 말할 수 있어요. 그 친구가 달리기를 잘해왔다는 걸 여러분이 알고 있기 때문에 말할 수 있죠. 신념은 어떨 때 쓸까요? 신념은 생각이나 가치관이 담긴 믿음이에요. 나의 행동 방향을 정해주는 기준이기도 해요. 예를 들어볼게요. 왕따를 당하는 친구의 편을 들어주는 여러분에게 왕따를 하는 친구가 "너 왜 편들어주냐?"라고 묻는다고 생각해봐요. 그때 여러분은 "나는 친구를 괴롭히면 안 된다고 생각해."라고 말할 수 있어요. 그게 바로 신념이에요. 친구를 괴롭히지 말아야 한다는 가치관에 따라 왕따를 당하는 친구의 편이 돼주는 거니까요. 어떤 차이인지 조금 이해했나요? 꿈에 다가서는 긍정의 생각에서도 자신을 향한 믿음과 신념이 중요해요.

★ 미래의 꿈과 관련해 여러분이 가진 장점은 어떻게 작용할까요? 예를 들어 운동을 좋아하고 잘하는 친구는 튼튼한 체력으로 꿈을 이뤄나갈 수 있겠죠. 그 친구는 다른 친구들보다 끈질긴 힘을 가질 수 있을 거예요. 여러분은 어떤가요? 여러분의 장점이 무엇인지 한 번 정리해보세요.

▶

....

....

★ 여러분의 장점은 미래의 모습을 현실로 만드는 힘이 될 거예요. 누구나 '나는 이런 장점이 있으니까 잘 해낼 거야'라는 믿음을 가질 수 있어요. 그럼 이번에는 신념에 대해 이야기해볼게요. 여러분은 여러분이 생각하는 꿈, 그 꿈을 왜 가졌나요? 그 꿈으로 진짜 하고픈 일이 무언가요? 여러분의 장점이 자신의 생각에 어떤 영향을 미쳤는지 같이 생각해보고 정리해보세요.

▶

....

....

첫 번째 감상문

두 번째 독서토론 단톡방이 열렸다. 이나는 긴장하며 단톡방으로 들어섰다. 오늘 저녁에 진서가 할머니와 작은아버지 집에 가서 식사해야 한다고 해 조금 일찍 독서토론을 시작했다.

안녕.

상은
안녕, 이번 책 너무 재미있지 않았어?

진서
뒤 내용이 궁금해서 끝날 때까지 내 방 밖으로 나가지 않았어.

상은이와 진서가 독서토론을 시작하기도 전에 책 이야기부터 꺼냈다. 여전히 흥분한 상태라는 게 느껴졌다. 이나도 그들의 마음을 이해했다. 세 번째 단원 줄거리를 정리하고부터는 그냥 끝까지 읽었다. 줄거리를 정리하는 게 오히려 번거로웠기 때문이다. 결국 네 번째 단원을 다시 읽고 줄거리를 정리하는 꼴이 됐지만, 두 번째 읽을 때는 눈여겨보지 않았던 부분이 보여서 더 흥미로웠다.

진서

그럼 시작해볼까?

진서의 톡에 아이들은 'ㅇㅇ'라고 답하며 동의했다. 그때 혜미가 톡 하나를 올렸다.

혜미

시작하기 전에 내가 묻고픈 게 있는데, 너희는 악몽을 꾸니?

이나는 자신이 악몽을 꾼 적이 있었는지를 떠올렸다. 요즈음 자꾸 쫓기는 꿈을 꾸기는 했다. 괴물이 나오는 꿈은 아니었지만 이나를 쫓는 사람이 누구인지 모르는 탓에 더 두려웠다.

진서

당연히 꿨지.

진서가 먼저 혜미의 톡에 답했다. 진서는 꿈에서 스파이더맨이 자신을 거미로 만들어주겠다고 해놓고는 개구리로 만들어 도로에 던져놓는 바람에 자동차를 피하느라 식은땀을 흘렸다고 했다. 혜미도 감독님이 갑자기 괴수로 변해 자신에게 긴 혓바닥을 내미는 꿈을 꾼 적이 있다고 말했다.

상은
그니까, 나는 별이가 엄청 용감하다고 생각해.

미유
맞아, 나 같으면 내 악몽으로 들어갈 엄두가 안 났을 텐데.

악몽을 꾼 적이 있는지를 물어본 혜미의 물음에 친구들은 자연스럽게 대답하면서 《악몽 전사》에 관한 이야기로 빠져들었다. 친구들은 책에서 어떤 부분이 재미있었는지 돌아가면서 한마디씩 했다. 이나도 자신 있게 말했다.

별이가 악몽의 악몽이 될 때, 속 시원했어. 악몽을 꾸는 악몽을 보면서, '어때?'라고 묻고 싶기도 했고.

이나의 톡에 친구들은 저마다 모두 맞장구를 쳤다. 이나는 자신의 생각을 공유하는 경험이 생경했다. 토론수업을 할 때도 각자 생각을 공유하기는 하지만 그것과는 다른 기분이었다. 마치 덕질 대상이 같은 느낌이랄까. 좋아하는 아이돌 오빠가 같은 친구들이 함께 모여 오빠에 대해 말하는 분위기였다. 말을 하면 할수록 흥분이 됐다. 악몽 전사인 별이의 팬이 될 수밖에 없었다. 정말로 그랬다. 오늘 독서토론 단톡방은 별이의 팬미팅이었다.

시간이 지날수록 단톡방의 분위기는 점점 고조됐다. 하지만 아이들이 정한 규칙이 있었다. '한 시간 이상은 하지 말 것'. 이나가 처음 독서토론의 규칙을 접했을 때는 왜 그런지 몰랐다. 한편으로는 한 시간 이상 말할 게 있을지 의구심도 들었다. 하지만《악몽 전사》를 읽고서 토론에 참석하니 서로 말이 끊이지 않았다. 자기가 들었던 무서운 이야기를 들려주는 친구도 있었다.

미유

> 오늘은 이 정도에서 끝내자. 벌써 한 시간이 거의 다 됐어.

친구들은 아쉬운 듯 톡을 올리면서도 다음 읽을 책에 대한 기대를 아끼지 않았다. 독서토론에서는 토론할 책도 돌아가면서 선정했다. 《악몽 전사》는 미유가 정한 책이었고 이제 상은이가 책을 정할 차례였다. 《습관 부자 재영이》는 진서가 고른 책이었다. 그다음은 혜미가 책을 찾을 차례였고, 마지막으로 이나가 골라야 했다.

혜미

그래 다음에 보자. 상은이는 이틀 내로 다음 책 올려줘.

　상은이가 '알았어'라고 톡을 올리자 아이들은 서로 인사를 하며 독서토론을 마쳤다. 이나도 친구들과 인사를 하고서 노트북을 들고 거실로 나왔다. 이나는 긴장했다. 독서 토론을 시작하기 전에 엄마에게 《습관 부자 재영이》 감상문을 건넸기 때문이다. 엄마는 잘 써야 한다고 말하진 않았지만, 처음 이나가 스스로 써본 감상문이라 걱정이 됐다.

"엄마, 우리 독서토론 다 끝났어요."

　이나는 엄마에게 노트북을 내밀며 말했다. 엄마는 휴대전화를 보다가 이나를 돌아보며 미소를 지었다. 휴대전화에서는 언뜻 엄마와 비슷한 목소리의 영상이 흐르고 있었다.

"무슨 영상이에요?"

"엄마가 영상을 찍어서 편집한 거야. 잘 표현됐는지 확인해보는 중인데, 잘 모르겠네. 이나가 좀 봐줄래?"

"그럴까요?"

　이나는 휴대전화에 담긴 영상을 봤다. 얼굴은 잘 보이지 않았지만 목소리는 또렷하게 들렸다. 엄마가 마트에 가서 재료를 사 오는 모습이 보였다. 유통기한과 가격표가 적힌 스티커도 영상에서 보였다.

영상 중반 이후부터는 엄마가 이유식을 만드는 과정이 그대로 영상으로 재현됐다. 영상은 3분 정도로 그리 길지 않았다.

이나는 엄마가 대단하다는 생각이 들었다. 엄마는 그동안 열심히 운동한 덕분에 예전보다 더 활동적으로 변했다. 집에 있을 때면 자주 소파에 눕던 모습을 이제는 볼 수 없었다. 무엇보다 엄마는 주민센터에서 강의를 열심히 듣는 것 같았다. 영상편집 강의도 듣는다고 하더니 그걸 듣고는 직접 영상편집까지 해낸 것이다.

엄마는 자신이 하겠다고 이나에게 말한 걸 그대로 실천하고 있었다. 말에 힘이 있다고 한 혜미의 말처럼 엄마의 말에는 정말 강력한 에너지가 있는 듯했다. 이나에게 말하고 실천하면서 정말 작은 목표를 이뤄내고 있으니 말이다. 하지만 왜 영상편집을 배워야만 했는지는 궁금했다. 엄마는 목적이 있을 때만 행동하는 성격이었기에 그냥 영상을 찍고 편집했을 리 없었다.

"이걸 왜 찍으셨어요?"

"스마트 스토어에 블로그를 링크해두려고. 블로그에 영상을 올리면 이유식을 받는 사람들이 언제 산 재료로 언제 어떻게 만들어졌는지 알 수 있으니까. 영상은 다른 것들과 비슷하겠지만 엄마가 만든 이유식을 받은 소비자들이 영상을 보면 제품에 대해 안심할 수 있고 신뢰가 더 굳건해질 거야. 건강한 이유식을 만든다는 걸 보여주는 것이라고나 할까?"

이나는 엄마의 말에 고개를 끄덕였다. 그 모습을 본 엄마가 말을 이어갔다.

"공동체를 위한 선한 영향력을 가진 부자가 되려면 모든 과정이 정직해야 한다고 생각하거든."

"저도 엄마가 왜 자꾸 저에게 어떤 스타 배우가 되려고 하는지 물어보신 뜻을 알아요."

"그래서 결정했니?"

이나는 고개를 저으면서 대답했다.

"좀 더 생각해볼게요. 스타 배우가 되면 내가 할 수 있는 게 무엇인지부터 알아야 할 거 같아요."

"맞아. 우리 이나 멋져졌는걸? 결정되면 엄마에게 제일 먼저 말해주기다?"

"아빠하고 같이 계실 때 말씀드리면 안 되나요?"

"물론이지."

이나는 엄마의 대답을 듣고서 슬쩍 눈치를 봤다. 아직 엄마가 이나의 첫 번째 독후감에 대해 아무런 말씀도 하지 않았기 때문이다.

"엄마, 독후감 어땠어요?"

"음…."

엄마가 고민하듯 대답을 주저했다. 이나는 조바심이 났다. 그런데 비밀번호를 누르는 소리가 들리는 바람에 엄마의 의견을 들을 수

없었다.

"안녕히 다녀오셨어요."

이나는 아빠에게 인사했다.

"그럼, 아주 기쁜 마음으로 뛰어왔지."

아빠의 손에 케이크 상자가 들려 있었다. 그리고 이 냄새는…. 아빠의 다른 손에는 치킨 상자도 있었다. 이나는 치킨을 무척 좋아하지만 엄마는 한 달에 두 번 이상 먹는 걸 금지했다. 튀김에 입맛이 길들면 나물 반찬을 먹기 싫어하게 된다는 게 이유였다. 그런데 치킨이라니!

"오늘 좋은 일 있어요?"

"엄마가 우리 딸이 감상문을 재미있게 썼다면서 축하 파티를 하자고 하던데? 그러면서 치킨을 허락했지. 사실 아빠도 치킨을 엄청나게 좋아하는데, 엄마가 눈치를 줘서 못 먹고 있었거든."

아빠가 치킨 상자를 내밀었다. 한 마리가 아니었다. 로제 치킨과 후라이드 치킨, 각각 한 마리씩이었다. 이나는 입이 귀 끝까지 걸렸다. 치킨을 먹을 수 있어서 기분이 좋았고 이 모든 게 첫 번째 감상문에 대한 칭찬의 의미로 준비됐다는 사실에 너무 기뻤다.

"얼른 먹자."

"네."

이나는 얼른 식탁 의자로 가서 앉았다.

넘어지지 않고 걸을 수는 없다

💗 **도움말** 목표에 다가가는 동안 실패도 합니다. 산을 넘으려면 여러 고개를 만나고, 계곡을 지나야 하는 것도 같은 이치죠. 하지만 실패를 거듭하고 목표에 다다르면 지식과 지혜를 얻을 수 있어요. 목표에 다다랐을 때 목표를 얻는 기쁨도 얻고, 성장도 할 수 있답니다.

★ 유명한 사람이나 위대한 위인에 대해 찾아보거나, 책을 골라서 읽어봐요. 그들이 목표에 다다르기까지 겪었던 위기가 어떤 것들이 있는지 한번 정리해봐요.

• • ▶
....
....

★ 그들은 자신들이 처한 위기를 어떻게 극복해나갔나요? 극복 과정에서 무엇을 얻고 배웠나요?

• • ▶
....
....

카메라 앞에서

엄마는 오늘도 이유식 만드는 영상을 찍고 있었다. 한 가지 달라진 게 있다면 그동안 휴대전화로 영상을 촬영했었지만 이번에는 어엿한 카메라 앞에 서 있었다. 영상편집은 여전히 엄마가 도맡았다. 점점 촬영 분량이 많아지면서 영상편집 시간도 길어졌다. 엄마는 조만간 편집을 잘하는 분에게 일을 맡겨야겠다고 했다.

그사이 이나도 몰라보게 발전했다. 이제는 소리 내지 않아도 책을 잘 읽어냈다. 독서토론도 곧잘 했다. 아침에 일어나 눈을 뜨자마자 "나는 스타 배우가 될 거야!"라고 열 번 외치며 침대에서 일어난다. 공부도 열심히 하려고 하지만, 여전히 공부는 재미가 없었다. 혜미처럼 성적이 잘 나오지는 않았다. 그러나 이나는 더 이상 혜미에게 샘을 내지 않는다.

  열 권의 책을 읽고 감상문을 쓰기까지는 오랜 시간이 걸렸다. 거의 1년에 걸쳐 연습하고 나니 소리 내지 않고 휴대전화도 보지 않으면서 책을 읽어내는 데 익숙해지기 시작했다. 재미있는 이야기는 괜찮지만 그래도 딱딱한 책은 여전히 잘 읽히지 않아 애를 쓰며 한 권을 읽어냈다. 그래도 모든 게 노력하는 시간이 필요하고 노력도 축적돼야만 결과가 나온다는 걸 깨달았다.

"이나 준비됐니?"

"네."

"그럼 나와."

이나는 대본을 가방에 넣고 최대한 단정한 모습으로 방에서 나왔다.

"엄마, 나 어때요?"

이나는 엄마 앞에서 한 바퀴 빙그르르 돌면서 말했다.

"예쁘지. 세상에 우리 공주님만큼 예쁜 사람은 없을걸."

"그건 엄마 딸이니까 그렇지. 나 화장하면 안 될까?"

엄마는 이나를 향해 미소를 지으며 말했다. 하지만 목소리는 단호했다.

"오디션일 뿐이야. 얼마나 연기를 잘하는지가 중요한 거지, 네가 화장했다고 해서 점수를 더 주지 않아."

이나는 엄마의 말을 부정할 수가 없었다.

"알았어요."

"가자꾸나."

현관문을 나서서 엄마와 함께 밖으로 나왔다. 마침 엄마가 부른 택시가 빌라 앞에 섰다. 엄마와 이나는 뒷좌석에 탔다. 엄마가 이나의 손을 잡으며 말했다. 이나는 떨리는 손을 엄마가 잡아줘서 마음이 한결 안정됐다.

"첫 오디션인 거 잊지 마. 붙으면 좋겠지만, 떨어져도 다음 기회를 기다리면 되니까. 알았지?"

이나는 고개를 끄덕였다. 이제 이나는 안다. 《습관 부자 재영이》를 읽는 게 얼마나 힘이 들었는지 떠올리며 첫 번째 시도가 늘 힘들다는 걸 익숙하게 받아들인다. 《습관 부자 재영이》를 읽을 때 한 페이지를 넘기지 못했던 걸 떠올리면 아마 오늘 치러야 하는 첫 번째 오디션에서도 연습한 대로 대본의 내용을 모두 연기할 수는 없을 거라 생각했다. 게다가 연기 학원에서 제아무리 열심히 노력했다지만 그건 다른 친구도 마찬가지일 테다.

하지만 이제 이나는 꿈에 다가서기 위해서는 모든 걸 참아낼 수 있다. 비록 떨어지면 슬프고 아쉽겠지만 다시 일어설 수도 있다. 이나의 꿈은 '많은 사람에게 위로를 주는 스타 배우'이기 때문이다. 물론 많은 사람에게 위로를 줄 방법은 생각하지 않았지만, 천천히 고민할 생각이다.

"다 왔습니다."

어느덧 오디션이 열리는 빌딩 앞에 택시가 멈췄다. 엄마와 함께 택시 문을 열고 밖으로 나왔다. 이나가 빌딩을 올려다봤다. 심장이 미친 듯이 두근거렸다. 하지만 알 수 없는 용기가 샘솟듯 솟아나는 기분이었다.

"들어가자."

"네. 엄마."

위기를 기회로 역전시키는 풍요의 생각

맺음말 부자가 되는 게 꿈이었던 켈리 최는 부자인 사람들이 어떻게 생각하고 행동했는지를 연구하고는 그대로 따라 했어요. 그리고 그 과정에서 알게 된 것들에 대해 한마디 단어로 정의했어요. 그게 바로 웰씽킹이에요.

켈리델리 창업자인 켈리 최가 말하는 웰씽킹은 위기를 기회로 역전시키는 풍요의 생각이에요. 풀어 말하자면 꿈에 다가서려는 긍정의 생각이라고 할 수 있죠. 성공하기 위해 위기를 부정적으로 바라보지 말고, 할 수 있다는 각오로 내가 정한 목표를 향해 오로지 매진할 수 있게 만드는 생각이죠.

하지만 그저 긍정적인 생각만 하면 웰씽킹을 할 수 있는 걸까요? 켈리 최는 웰씽킹의 힘은 선한 영향력에서 나온다고도 했어요. 선한 영향력을 가지겠다는 간절함이 있다면 반드시 꿈과 만나게 되면서 위기에 대한 태도와 각오가 바뀌게 되고, 그 결과 자신이 목표로 정한 성공에 도달할 기회를 얻는다고 했어요. 물론 행동으로 옮기는 노력이 없다면 웰씽킹은 의미가 없지요.

켈리 최는 매일 자신의 꿈을 생각하고 미래에 성공한 자신의 모습을 그려보라고 했어요. 그래야만 잠재의식에 내 목표가 각인돼 노력하게 된다고 말이죠. 여러분도 꿈을 꾸고 있나요? 그러면 지금부터 웰씽킹을 시작해보는 건 어떨까요? 꿈에 다가서는 긍정의 생각을 가진다면 그 꿈은 꿈이 아니라 현실이 될 거예요.

어린이를 위한 아침 확언

💗**도움말** 이 책의 '말에는 힘이 있어'(131쪽) 장은 긍정 확언에 관한 내용입니다. 맨 처음엔 무슨 확언을 할지 정하기 어려울 수 있어요. 여기에 어린이와 부모님이 같이 외칠 수 있는 확언을 준비했답니다. 무엇이든 습관이 될 때까지 연습하는 게 중요해요. 밝은 표정으로, 맑고 깨끗한 목소리로 외치면 더욱 좋겠죠

① 오늘도 즐거운 하루가 시작되었습니다

② 나는 나를 믿어요

③ 나는 건강하고 행복해요

④ 나는 새로운 걸 배우는 것을 좋아해요

⑤ 나는 멋진 아이디어를 많이 가지고 있어요

⑥ 나는 원하는 것을 이룰 힘이 있어요

⑦ 나는 내 미래가 기대돼요

⑧ 나는 내가 자랑스럽습니다

⑨ 내 인생은 재밌고, 기쁨으로 가득합니다

⑩ 내 주변엔 나를 사랑하는 사람이 많습니다

어린이를 위한 웰씽킹

1판 1쇄 인쇄 2023년 2월 7일 | **1판 1쇄 발행** 2023년 2월 15일

지은이 김연희 | **그린이** 이길수 | **발행인** 김정경 | **책임편집** 김광현
외주교정 김승규 | **마케팅** 김진학 | **디자인** 피그말리온

발행처 (주)터닝페이지 | **등록** 제2022-000019호
주소 04793 서울 성동구 성수일로10길 26 하우스디 세종타워 본동 B1층 101/102호
전화 070-7834-2600 | **팩스** 0303-3444-1115
대표메일 turningpage@turningpage.co.kr

ISBN 979-11-981482-0-9   73190

ⓒ 김연희, 2023

* 이 책의 저작권은 저자에게 있습니다. 저작권법에 보호를 받는 저작물이므로
  저자의 허락 없이 무단 전재와 복제를 금합니다.
* 잘못된 책은 구입하신 서점에서 바꾸어 드립니다.
* 책값은 뒤표지에 있습니다.